LOW CARB

GESÜNDER ESSEN MIT
WENIGER KOHLENHYDRATEN

LOW CARB

GESÜNDER ESSEN MIT
WENIGER KOHLENHYDRATEN

INHALT

VORWORT

Sie planen, Ihre Ernährung auf eine gesunde und leichte Low-Carb-Kost umzustellen, möchten einfach ein paar Pfunde verlieren und Ihr Gewicht dauerhaft halten? In diesem Buch finden Sie eine Vielzahl inspirierender Low-Carb-Rezepte, von denen Sie begeistert sein werden! Rezepte, die wenig belasten, schnell und einfach zuzubereiten sind und sogar Ihre Gäste beeindrucken werden. Ob Spargel-Mozzarella-Tomaten-Salat, Garnelen-Kokos-Suppe, Lammkoteletts mit Roter Bete, Hähnchencurry mit Blumenkohl-„Reis" oder ein Klassiker wie Königsberger Klopse – gesunde Ernährung war noch nie so lecker und so leicht! Selbst Vegetarier finden hier tolle Low-Carb-Rezeptideen! Egal ob Sie als Einsteiger eine angenehm leichte Küche und ein ebensolches Körpergefühl erleben möchten oder als überzeugter Low-Carb-Anhänger nach neuen Anregungen suchen: In diesem Kochbuch finden Sie eine kreative Auswahl an Rezepten. Entdecken Sie die Lust auf eine abwechslungsreiche Ernährungsweise, die zugleich Kohlenhydrate und Kalorien einspart! Verzichten müssen Sie hierbei auf gar nichts, noch nicht einmal auf den Nachtisch. Wie wäre es z. B. mit Schokoladen-Brownies, Pfannkuchen mit Haselnüssen oder einer leckeren Rhabarbertorte – alles low carb und mit gutem Gewissen.

Wer sich nun fragt, wie es möglich ist, mit solchen Leckereien abzunehmen, der erhält auf den folgenden Seiten die wichtigsten Informationen zum Low-Carb-Prinzip: Was ist Low Carb? Warum ist diese Ernährungsweise empfehlenswert? Welche Strömungen sind besonders verbreitet, welche „Goldenen Regeln" gilt es hierbei zu beachten und welche Tipps kann man bei der Auswahl passender Lebensmittel sowie beim Ersetzen kohlenhydratreicher Produkte beherzigen? All dies erfahren Sie in der Einleitung. Entscheiden Sie selbst, ob Sie die Rezepte als Bereicherung der von Ihnen bevorzugten Diät bzw. Ernährungsweise verwenden oder nach Lust und Laune Ihr eigenes Low-Carb-Programm zusammenstellen möchten. Lassen Sie sich von köstlichen Low-Carb-Rezepten beflügeln und begeistern!

Das Low-Carb-Prinzip

Mit Low Carb entdecken Sie eine Ernährungsform, reich an Mineralstoffen, Vitaminen, Eiweiß und gesunden Fetten. Sie kochen nach Rezepten, die nach modernen ernährungswissenschaftlichen Erkenntnissen Kohlenhydrate reduzieren und sie durch sättigende Proteine und Fette ersetzen. Ihr Blutzucker- und Insulinspiegel wird dauerhaft gesenkt, während Ihr Fettstoffwechsel angeregt wird. So fällt es leicht, gesund und genussvoll Gewicht zu verlieren. Wie dies genau geht, lesen Sie im Folgenden.

Was ist Low Carb?

Auf eine einfache Formel gebracht, steht Low Carb (engl. „low" = niedrig, „carb" = Kohlenhydrate) für eine Ernährung, die arm an Kohlenhydraten ist. Hierbei verzichtet man auf stark kohlenhydrathaltige Lebensmittel wie Weizenbrot und -gebäck, Kartoffeln, Weizennudeln, Reis und Zucker. Einige Low-Carb-Strömungen, die sogenannten No-Carb-Varianten, erlauben dabei gar keine Kohlenhydrate, während neuere, moderatere Ansätze gesunde Kohlenhydrate in geringen Mengen befürworten. Hierzu zählen z. B. Kohlenhydrate aus Hülsenfrüchten, Vollkornprodukten und Nüssen.

Verschiedene Ansätze

Seit den 1970er-Jahren als erste Stoffwechseldiät gefeiert, ist Low Carb das Prinzip zahlreicher Erfolgsdiäten. Nach wie vor die bekannteste unter ihnen ist die Atkins-Diät. Vom gleichnamigen US-Kardiologen entwickelt und propagiert, war sie eine Diät-Revolution, die wie eine Welle die USA erfasste und Anfang der 1980er-Jahre nach Europa überschwappte. Wurde zuvor allein auf Low Fat (Fettreduktion) und FdH („Friss die Hälfte") gesetzt, stand mit der Atkins-Diät plötzlich ein Ansatz im Fokus, der den unbegrenzten Genuss von Käse, Sahne, Steak, Speck

und Eiern erlaubte. Allerdings geriet die Atkins-Diät wegen der vielen ungesunden tierischen Fette bald in die Kritik. Als dauerhaftes Ernährungskonzept gilt sie heute nicht als empfehlenswert. Wer jedoch auf die Schnelle ein paar Kilos verlieren möchte und in puncto tierische Fette vermehrt auf Fisch mit reichlich Omega-3 Fettsäuren setzt und auch auf ausreichend gesunde pflanzliche Fette achtet, kann auch heute noch wunderbar mit der Atkins-Diät abnehmen. Gleiches gilt für den New Body Plan von Hollywoods Star-Coach David Kirsch. Wie Atkins setzt auch Kirsch auf No Carb, fordert des Weiteren aber täglich zwei Trainingseinheiten. Dafür verspricht der New Body Plan sichtbare Erfolge schon nach 14 Tagen.

Zu den moderateren Ernährungskonzepten nach dem Low-Carb-Prinzip hingegen zählen die Glyx- und South-Beach-Diät sowie die LOGI- und die Montignac-Methode – Ernährungskonzepte, die auch für ein langfristiges Abnehmen geeignet sind.

Gemeinsame Prinzipien

Allen Low-Carb-Konzepten gemein ist eine Ernährung, bei der die Mahlzeiten vorwiegend aus Gemüse, Fleisch, Fisch und Milchprodukten bestehen. Das Prinzip beruht auf der Erkenntnis, dass der Körper in erster Linie Energie aus Kohlenhydraten gewinnt. Die Nahrung wird in Magen und Darm zu Einfachzuckern umgewandelt. Diese gelangen über die Blutbahnen zu den einzelnen Körperzellen, um dort verwertet zu werden. Kohlenhydrate können sehr einfach in verwertbare Einfachzucker umgewandelt werden. Die Energiegewinnung aus Fetten ist hingegen ungleich schwieriger. Stehen Kohlenhydrate jedoch nicht bzw. nicht in ausreichender Menge zur Verfügung, stellt sich der Stoffwechsel in Richtung Katabolismus um. Der Körper erzeugt die benötigte Energie aus eigenen Fettreserven und verbrennt dabei Körperfett – eine Energiegewinnung, die zudem mehr Kalorien verbraucht als die Energiegewinnung aus Kohlenhydraten. Ferner wird hierbei der Fettstoffwechsel angeregt, was den Gewichtsverlust zusätzlich fördert.

Warum Low Carb?

Kohlenhydrate aus Quellen wie Brot, Kartoffeln, Nudeln, Reis und Zucker decken in der westlichen Welt zu 50 Prozent den täglichen Energiebedarf. Aber ist dies auch gesund? Ähnlich wie die Anhänger der Paleo-Diät („Steinzeit-Diät"), gehen auch

Low-Carb-Befürworter davon aus, dass sich unser Körper nur bedingt an die heutige kohlenhydratreiche Ernährung angepasst hat. 10.000 Jahre Ackerbau, mit dem damit verbundenen überproportionalen Zugang zu Kalorien aus Zucker und Stärke, sind demzufolge eine zu kurze Zeitspanne, wenn sich ein Organismus an eine neue Nahrungszusammensetzung anpassen soll. Verfechter des Low-Carb-Prinzips sind daher der Meinung, dass wir physiologisch immer noch besser an das Nahrungsangebot der Vorzeit angepasst sind – eine Vorzeit, die geprägt war durch die Kultur der Jäger und Sammler. Und diese ernährten sich vorwiegend von Fleisch, Fisch, Gemüse, Obst und Nüssen – also low carb.

Dies wiederum würde die Theorie stützen, dass Kohlenhydrate – im Gegensatz zu Eiweißen, Fetten und Vitaminen – kein essenzieller Bestandteil unserer Ernährung sind. Wenn wir sie von unserem Ernährungsplan streichen, weist unser Körper keine Mangelerscheinungen auf. Schließlich kann er sie selbst aus Fett und Eiweiß herstellen. Kohlenhydrate, die aus raffiniertem Zucker und zu Weißmehl verarbeitetem Getreide gewonnen werden, stehen darüber hinaus in Verdacht, Auslöser von Diabetes Typ II und anderen Stoffwechselerkrankungen zu sein. Low Carb ist demnach nicht nur eine für unseren Körper wenig belastende, weil seiner Natur entsprechende, Ernährungsform, sie hält uns durch den Verzicht auf ungünstige Kohlenhydrate zudem gesund!

Kohlenhydrate und Insulin

Kohlenhydrate lassen unseren Blutzuckerspiegel ansteigen. Sind es vollwertige Kohlenhydrate aus Vollkornprodukten, Hülsenfrüchten oder Nüssen, geschieht dies nur langsam und sie halten uns lange satt. Kohlenhydrate aus Zucker und verarbeitetem Getreide hingegen lassen den Blutzuckerspiegel schnell und stark ansteigen. Als Reaktion darauf schüttet die Bauchspeicheldrüse vermehrt Insulin aus. Dies ist ein lebenswichtiges Hormon, das der menschliche Körper benötigt, um den Blutzuckerspiegel auf einem gleich bleibenden Niveau zu halten. Sowohl ein zu niedriger als auch ein zu hoher Blutzuckerspiegel können für uns lebensgefährlich sein. Besteht ein Überangebot von Zucker im Blut, trägt das Insulin dazu bei, dass Zucker in Fett umgewandelt wird. Dieses lagert sich im Körper ein und wir nehmen zu. Schon jetzt ist laut Weltgesundheitsorganisation (WHO) jeder dritte Mensch auf der Welt übergewichtig. Eine kohlenhydratreiche Ernährung – vorwiegend aus ungünstigen Kohlenhydraten – macht uns aber nicht nur dick, sondern auch krank.

Gesundheitliche Auswirkungen

Ist der Blutzuckerspiegel oft zu hoch, bedeutet dies Stress für die Bauchspeicheldrüse. Die häufige und starke Ausschüttung von Insulin wiederum kann zu Insulinresistenzen führen: Der Körper reagiert nur noch vermindert auf das Insulin und das Hormon ist nicht mehr in der Lage, den Blutzuckerspiegel zu regulieren. Die Folge ist eine Diabetes-Typ-II-Erkrankung. Ernährungsexperten gehen daher davon aus, dass die Low-Carb-Ernährung selbst ohne Gewichtsabnahme dabei helfen kann, Blutzucker und Insulinspiegel niedrig zu halten und erhöhte Blutfettwerte sowie Bluthochdruck zu senken.

Ungünstige Kohlenhydrate sind aber nicht nur ungesund, weil sie unseren Blutzuckerspiegel schnell und stark ansteigen lassen, sondern auch weil er ebenso schnell und stark wieder fällt. Jeder hat es selbst schon einmal erlebt, dass ein Weißbrötchen mit Marmelade morgens zum Frühstück nicht lange sättigt. Das Vollkornbrot mit Käse hingegen vertreibt den Hunger bis zum Mittagessen. Blutzucker- und Insulinspiegel fahren nicht Achterbahn, sondern bleiben auf einem stabilen Niveau und wir fühlen uns lange satt.

Ungünstige Kohlenhydrate machen zwar ebenso schnell satt wie vollwertige, sie zwingen uns aber, schneller wieder zu essen und in den meisten Fällen wiederum das Falsche. Die Folge: Unser Stoffwechsel bewegt sich in einem Teufelskreis aus Hunger, vermehrtem Essen und Übergewicht. Eine Ernährung nach dem Low-Carb-Prinzip kann diesen Teufelskreis durchbrechen!

Langkettige und kurzkettige Kohlenhydrate

Das Beispiel von Weißbrot und Vollkornbrot zeigt die Unterschiede zwischen verschiedenen Arten von Kohlenhydraten und ihre unterschiedlichen Auswirkungen auf den Blutzuckerspiegel und die Insulinausschüttung. Unterschieden wird hier zwischen lang- und kurzkettigen Kohlenhydraten. Kurzkettige Kohlenhydrate sind Einfach- und Zweifachzucker, in der Fachsprache auch Mono- und Disaccharide genannt.

Sie finden sich in Süßigkeiten und Obst. Langkettige Kohlenhydrate sind Mehrfachzucker (Oligosaccharide). Aus ihnen bestehen z. B. stärkehaltige Lebensmittel wie Kartoffeln, Nudeln, Knäcke- und Vollkornbrot. Kurzkettige Kohlenhydrate können als Einfachzucker schnell von unserem Körper verwertet werden. Sie gehen direkt ins Blut. Die Verarbeitung der langkettigen Kohlenhydrate in Einfachzucker ist hingegen komplexer und nimmt mehr Energie in Anspruch.

Wer jetzt aber der These verfällt, alle kurzkettigen Kohlenhydrate sind ungünstig und langkettige gesund, der fehlt. Seit geraumer Zeit ist bekannt, dass es auch kurzkettige Kohlenhydrate gibt, die den Blutzuckerspiegel stabil halten sowie langkettige, die ihn in die Höhe treiben. Ernährungsexperten beschreiben dieses Phänomen mit dem „glykämischen Index“.

Was ist der glykämische Index?

Kohlenhydrathaltige Lebensmittel, die einen schnellen und hohen Blutzuckeranstieg auslösen, haben einen hohen glykämischen Index (GI). Dieser wird jeweils in Prozenten ausgedrückt. Zu seiner Ermittlung werden Dauer und Höhe des Blutzuckeranstiegs nach dem Verzehr von 50 Gramm eines kohlenhydrathaltigen Lebensmittels gemessen. Referenzwert ist der Blutzuckeranstieg nach Aufnahme von 50 Gramm Traubenzucker (Glukose): Er entspricht 100 Prozent. Kohlenhydrate, die einen Wert von 100 bis 70 Prozent aufweisen, besitzen einen hohen GI. Zu ihnen zählen Weißbrot, Cornflakes, Kartoffelpüree und Pommes frites.

Von einem mittleren GI spricht man bei einem Wert zwischen 70 und 55 Prozent: Ananas, Müsli, Rote Bete, aber auch Zucker (68 %) und Cola (63 %) fallen beispielsweise in diese Kategorie. Ab einem Wert von unter 55 Prozent haben die entsprechenden Lebensmittel einen niedrigen GI: Hierzu zählen z. B. Vollkornbrot, Erbsen, Linsen, Mais oder Erdnüsse. Keinen glykämischen Index besitzen Lebensmittel ohne oder mit wenigen Kohlenhydraten wie Fleisch, Fisch, Fett und Öl. Sie beeinflussen den Blutzuckerspiegel höchstens indirekt.

Bedeutung des GI

Warum Weißbrot einen hohen GI aufweist, Zucker jedoch nur einen mittleren, kann das Konzept des glykämischen Indexes nicht erklären. Die Unterschiede im Blut-

zuckeranstieg lassen sich weder durch die Struktur der Kohlenhydrate (Einfach- oder Mehrfachzucker), noch durch ihren Ballaststoffgehalt begründen. Zudem ist der GI eines Lebensmittels von etlichen Faktoren beeinflusst. Sowohl die Form der Zubereitung als auch die Zusammensetzung mit anderen Lebensmitteln sowie die individuellen Unterschiede in der Energieaufnahme der Testesser haben Einfluss auf den ermittelten Wert. Daher ist das Konzept des glykämischen Indexes umstritten. Befürworter weisen jedoch darauf hin, dass selbst bei unterschiedlichen Werten die Blutzuckerwirksamkeit der getesteten Lebensmittel gleich bleibt, unabhängig davon, wie sie zubereitet und in welcher Zusammensetzung sie verzehrt wurden. Zu ihnen zählt auch die europäische Studiengruppe für Diabetes und Ernährung. Sie empfiehlt bereits seit einigen Jahren den bevorzugten Verzehr von Lebensmitteln mit niedrigem GI, da sich Blutzucker- und Blutfettwerte durch eine solche Form der Ernährung verbessern lassen – eine Empfehlung, der sich die Weltgesundheitsorganisation (WHO) anschließt. Denn es häufen sich die Hinweise, dass eine Ernährung mit Lebensmitteln, die einen niedrigen GI besitzen, vor Übergewicht, Diabetes und koronarer Herzkrankheit schützt. Selbst auf die Leistung von Ausdauersportlern wirkt sich der Verzicht auf Kohlenhydrate mit einem hohen GI günstig aus.

GI und Low Carb

Moderne Low-Carb-Diäten setzen ebenfalls auf den glykämischen Index. Die bekannteste unter ihnen ist die Glyx-Diät. 1999 von der Ökotrophologin Marion Grillparzer entwickelt und mit der Montignac- sowie der LOGI-Methode verwandt, ist sie als Vollwertkost angelegt. Neben dem Verzicht auf Lebensmittel mit hohem GI empfiehlt sie eine ballaststoffreiche Kost mit gesunden essenziellen Fettsäuren, vielen Vitaminen und ausreichend Flüssigkeit. Als Dauerernährung angelegt, eignet sich die Glyx-Diät insbesondere für ein langfristiges Abnehmen und schützt davor, in die „Insulinfalle" zu tappen.

Gefangen in der „Insulinfalle"

Etliche Studien belegen, dass Menschen, die stark kohlenhydrathaltige Lebensmittel mit einem hohem GI verzehren, nicht nur schneller wieder Hunger entwickeln und nach Mahlzeiten öfter wieder essen, sondern auch dass sie in diesen Fällen wiederum vermehrt zu Lebensmitteln mit einem hohen GI greifen. In einem solchen Fall werden Fettkalorien weniger gut verbrannt und eher eingelagert. Sprich: Bei einem hohen Insulinspiegel werden aufgenommene Fette nur noch bedingt abgebaut. Der Fettstoffwechsel erlahmt und wir nehmen noch schneller zu. Diese beiden Faktoren – ständiger Hunger und permanentes Essen auf der einen Seite, schlechtere Verbrennung und Einlagerung von Fett auf der anderen – begünstigen das Zunehmen und die Entstehung von Übergewicht.

Kein Wunder, dass viele Menschen durch Low-Fat-Diäten mit einer kohlenhydratbetonten Kost über die Jahre nicht schlanker, sondern eher dicker werden. Es entsteht ein Teufelskreis, aus dem es nur ein Entkommen gibt – den Wechsel zu einer Ernährung nach dem Low-Carb-Prinzip.

Für wen ist Low Carb geeignet?

Eine Ernährung nach dem Low-Carb-Prinzip ist prinzipiell für jeden geeignet. Studien belegen, dass Menschen, die nach dem Low-Carb-Prinzip Lebensmittel mit einem hohen GI nur eingeschränkt zu sich nehmen, weniger Energie auf- und mehr Gewicht abnehmen – und dies in kürzester Zeit. Wer viele ungünstige Kohlenhydrate in Form von Gebäck, Süßigkeiten, Fast Food oder Snacks zu sich nimmt, dem helfen Low-Carb-Ernährungskonzepte, die eigenen Essgewohnheiten dauerhaft auf eine gesündere Ernährungsweise umzustellen. Eine Low-Carb-Ernährung nach dem Konzept des glykämischen Indexes ist vor allem für all diejenigen geeignet, die sich nicht nur gesund ernähren, sondern auch langfristig Gewicht verlieren möchten. Moderat, was den Verzicht an vollwertigen Kohlenhydraten betrifft, sind Glyx- und South Beach-Diät sowie Montignac- und LOGI-Methode. Sie sind besonders geeignet, um langfristig abzunehmen und den eigenen Fettstoffwechsel wieder ins Lot zu bringen.

Sie wollen schnell ein paar Pfunde loswerden? Dann ist auch eine No-Carb-Variante wie die Atkins-Diät oder der New Body Plan einen Versuch wert. Durch die starke Konzentration auf Proteine und Fett beschleunigen sie den Abnehmerfolg. Als dauerhafte Ernährungsform sind beide No-Carb-Varianten jedoch nicht geeignet, da sie keine vollwertige Kost anbieten und mit einem hohen Fettanteil Herz-Kreislauf-

Risiken bergen. No-Carb-Varianten haben sich jedoch als begleitende Ernährung zur Therapie von Stoffwechselerkrankungen wie Alzheimer, Parkinson, Epilepsie sowie bei einigen Krebsarten bewährt. Low Carb hingegen ist bei der Behandlung und Prävention von Diabetes Typ I und II die erste Wahl.

Für wen eignet sich Low Carb weniger?

Weniger geeignet ist eine Ernährung nach dem Low-Carb-Prinzip hingegen für Schwangere. Denn Kohlenhydrate sind entscheidend für die Entwicklung des Gehirns beim Fötus. Auch Menschen mit einer Schilddrüsenunterfunktion sollten hier vorsichtig sein. Low Carb senkt den Insulinspiegel, was eine Schilddrüsenunterfunktion verstärken kann. Schließlich benötigt die Schilddrüse Insulin, um aus dem inaktiven T4- das aktive T3-Hormon zu bilden. Auch für Patienten mit Nieren- oder Leberleiden ist Low Carb eher ungeeignet. Insbesondere bei No-Carb-Varianten werden große Mengen an Kalzium über den Urin ausgeschieden, was die Entgiftungsorgane zusätzlich belastet. Für alle anderen gilt: Nutzen Sie die positiven Effekte dieser Ernährungsform und lassen Sie es sich low carb richtig gut schmecken!

Die „Goldenen Low-Carb-Regeln"

So positiv sich eine Ernährung nach Low-Carb-Prinzipien auch auswirken kann, einige „Grundregeln" sollte man stets beachten, um den gewünschten Effekt zu erzielen und dabei gesund zu leben. Folgendes sind die wichtigsten „Regeln" der Low-Carb-Ernährung.

Low Carb nach Maß

Ob Glyx oder South Beach, Montignac oder Logi, Atkins, Dukan oder New Body Plan, Scarsdale oder Hollywood-Star-Diät: Wählen Sie ein Low-Carb-Ernährungskonzept, das Ihren Bedürfnissen und Zielen entspricht. Wollen Sie Ihre Ernährung umstellen, langfristig abnehmen oder nur ein paar Pfunde purzeln lassen? Eine gute Planung Ihres neuen Low-Carb-Lebens ist der Schlüssel zum Erfolg!

Viel Eiweiß, wenig Kohlenhydrate, gesunde Fette!

Bei einer Low-Carb-Ernährung sind bis zu 35 Prozent Eiweißanteil in Ihrer Ernährung ein Muss. Ob Vegetarier, Fisch- oder Fleischfreund – nehmen Sie täglich mindestens 200 Gramm Proteine zu sich! Die Menge der Kohlenhydrate darf hingegen 120 Gramm bzw. 15 bis 30 Prozent ihrer Nahrungsaufnahme nicht überschreiten. Kohlenhydrate mit einem niedrigen GI sind dabei zu bevorzugen. Essenziell sind gesunde Fette. Ungesättigte pflanzliche Fette wie z. B. Oliven- und Rapsöl oder Fisch mit vielen Omega-3-Fettsäuren sollten dabei überwiegen.

Tolle Rezepte

Der Verzicht auf Pizza, Pasta und Sonntagsbrötchen fällt den wenigsten leicht! Wer sich im Vorfeld gut vorbereitet und tolle Rezepte heraussucht, freut sich auf den Start in ein neues Low-Carb-Leben. Am besten, Sie legen sich anfangs einen Wochenplan mit Gerichten zurecht, die Sie unbedingt probieren möchten. Anregungen hierfür finden Sie im nachfolgenden Rezeptteil.

Nicht hungern!

Statt drei sollten Sie besser fünf Mahlzeiten über den Tag verteilt einnehmen: drei Hauptmahlzeiten sowie zwei Zwischenmahlzeiten. Durch die regelmäßige Nahrungsaufnahme bleibt der Blutzuckerspiegel stabil und es entsteht kein Heißhunger.

Fünf Portionen Obst und Gemüse täglich

Gerade bei einer eiweiß- und fettreichen Kost sind Ballaststoffe sehr wichtig. Essen Sie daher zu jeder Mahlzeit zumindest eine Portion Obst oder Gemüse. So erhält Ihr Körper alle wichtigen Vitamine, Mineral- und Ballaststoffe, die er braucht.

Zwei bis drei Liter trinken!

Low Carb ist eine protein- und fettbetonte Ernährung, bei der viel Kalzium über den Urin ausgeschieden wird. Nehmen Sie daher viel Flüssigkeit zu sich, um Nieren und Leber zu unterstützen. Außerdem wird Durst auch oft als Hunger missinterpretiert, was dazu führt, dass man zu viel isst. Mit einem Glas Wasser lässt sich ein kleines Hungergefühl daher oft sofort stillen. Treiben Sie viel Sport, benötigt Ihr Körper

noch mehr Flüssigkeit. Generell sollten Sie bei einer kohlenhydratreduzierten Ernährung vorzugsweise Wasser oder ungesüßte Tees trinken. „Finger weg" heißt es hingegen bei Säften, süßen Softdrinks oder Alkohol.

Kein Alkohol

Alkohol ist appetitanregend und enthemmend. Viele gute Vorsätze sind bereits nach einem Bier oder einem Glas Wein über Bord geworfen. Zudem enthält Alkohol viel Zucker und hemmt den Fettstoffwechsel. Daher sollte er bei einer Low-Carb-Ernährung eher zu den Ausnahmen gehören.

Sport treiben

Sport ist bei jeder Diät ein wichtiger Motor, um den Stoffwechsel anzukurbeln. Hierbei werden Muskeln aufgebaut, die auch im Ruhezustand den Grundumsatz steigern. Gerätetraining ist hier am effektivsten. Wenn Sie sich für keine Sportart begeistern können, versuchen Sie, mehr Bewegung in Ihren Alltag einzubauen. Fahren Sie beispielsweise mit dem Rad zur Arbeit oder nehmen Sie stets die Treppe statt den Fahrstuhl.

Konzentration auf das Wesentliche

Bei einer Low-Carb-Ernährung stehen einige beliebte Lebensmittel auf der Don't-Liste. Fatal, wenn Ihre Gedanken jetzt nur noch um das Verbotene kreisen. Konzentrieren Sie sich stattdessen auf die tollen Low-Carb-Gerichte, die Sie entdecken möchten. Auch die folgende Grundregel kann hier helfen.

Ein Naschtag pro Woche

Wer sich nie etwas gönnt, bekommt schlechte Laune und alle guten Vorsätze werden über Bord geworfen. Aber wenn man sich grundsätzlich an eine gesunde Low-Carb-Ernährung hält, gefährdet auch ein Naschtag den Abnehmerfolg nicht. Wenn Sie sich z. B. sonntags ein Stück Kuchen gönnen möchten oder samstags eingeladen sind, erlauben Sie es sich! Wichtig ist nur, dass Sie dabei nicht in ein „Alles-egal-Gefühl" verfallen. Positiver Nebeneffekt: Sie verhindern, dass Ihr Organismus sich auf eine „drohende Hungersnot" einstellt und damit den Stoffwechsel herunterfährt.

Welche Fehler birgt eine Low-Carb-Ernährung?

Umstritten sind nach wie vor die sehr fettreichen Ernährungsansätze mancher Low-Carb-Strömungen. So empfiehlt z. B. die Deutsche Gesellschaft für Ernährung, auf eine fettarme und ausgewogene Ernährung zu achten. Entsprechend sollten Sie bei jeder Low-Carb-Diät gesunden pflanzlichen Fetten mit reichlich essenziellen Fettsäuren und Vitaminen den Vorzug geben, um Herz und Kreislauf zu schützen. Kritiker dieser fettbetonten Ernährungskonzepte merken ferner an, dass bei jeder Diät die Kalorienbilanz stimmen muss. Und Fette, ob ungesund oder gesund, zählen nach wie vor zur nährstoffreichsten Lebensmittelgruppe. Also wundern Sie sich nicht, wenn der Abnehmerfolg bei einer No-Carb-Diät mit 50 Prozent Fettanteil in der Nahrungszusammensetzung ausbleibt!

Aber nicht nur für die Fleischliebhaber unter den Low-Carb-Anhängern, vor allem auch für Vegetarier, die auf Geflügel, Fleisch und Fisch verzichten, ist Low Carb eine Herausforderung. Zum einen fehlen ihnen die Kohlenhydrate, zum anderen müssen sie bis zu 35 Prozent Eiweiß täglich allein mit Milchprodukten, Eiern und protein-reichen Gemüsesorten aufnehmen. Einige Beispiele mit schmackhaften und abwechslungsreichen vegetarischen Rezeptideen finden Sie im Rezeptteil dieses Buches. Neben körperlichen spielen auch psychologische Aspekte bei Low Carb eine Rolle. So kritisieren Psychologen beispielsweise, dass bei Diäten und Ernährungskonzepten, die mit Verboten arbeiten, Rückfälle und Regelverstöße vorprogrammiert sind. Um die „Lust am Verbotenen" zu vermeiden, sollten Sie sich die Naschtag-Regel zu Herzen nehmen.

Versteckte Kohlenhydrate

Ein weiteres Problem bei der Umsetzung der Low-Carb-Ernährung sind versteckte Kohlenhydrate. Sie untergraben alle guten Vorsätze und damit auch den Abnehmer-folg, ohne dass es uns bewusst wird. Wer sich low carb ernähren möchte, sollte daher beim Einkaufen einiges beachten, denn oft lauern die unerwünschten Kohlenhydrate

in Lebensmitteln, in denen wir sie auf den ersten Blick überhaupt nicht vermuten würden. Einige Beispiele lernen Sie im Folgenden kennen.

- **Fertige Soßen:** In Ketchup, Senf und vielen Grill- wie Salatsoßen steckt jede Menge Zucker. Daher lohnt es sich, Soßen selbst anzurühren.

- **Gewürzmischungen:** Ihr Geschmack wird industriell oft mit Zucker intensiviert. Einige enthalten auch Stärke zur Bindung. Wer hier auf Nummer sicher gehen will, legt sich einen Vorrat an Gewürzen an, die er beim Kochen selbst mischt.

- **Soßenbinder:** Da diese Stärke enthalten, können Sie alternativ auf Gemüse als Bindemittel zurückgreifen. Vorgekochte Kichererbsen sind hier eine gute Alternative.

- **Konserven:** Rote Bete, Gewürzgurken, Tomaten, Mais, Erbsen – sie alle werden gern in der Dose gekauft. Aber Achtung! Auch hier wird oft mit Zucker konserviert. Daher lieber alles frisch kaufen und zubereiten.

- **Mariniertes Fleisch:** Hier lohnt sich die Nachfrage, ob in der Marinade nicht Zucker oder Stärke steckt.

- **Light-Produkte:** In ihnen ist der Fettanteil gern durch Zucker bzw. Kohlenhydrate ersetzt – auch bei Milchprodukten. Greifen Sie lieber zur Vollfettstufe!

- **Low-Carb-Fertiggerichte:** Der Low-Carb-Markt boomt und die Lebensmittelindustrie bietet auch hier viele leckere Convenienceprodukte an. Diese sind jedoch mit Vorsicht zu genießen. Denn viele enthalten Zusatzstoffe, die für eine Low-Carb-Ernährung ungeeignet sind. Ein Beispiel ist Maltit, das eine ähnliche Wirkung wie Zucker hat.

Generell ist es ratsam, bei fertigen Produkten immer einen Blick auf die Nährwerttabelle zu werfen. Sie verrät, ob und wie viele Kohlenhydrate sich in einem Lebensmittel verstecken. Besser und leckerer ist es jedoch, mit frischen Zutaten zu kochen. Dann wissen Sie auch genau, was in Ihrem Essen drinsteckt.

Kreativ tauschen

Wer sich für eine Low-Carb-Ernährung entscheidet, muss nicht zwangsläufig für den Rest seines Lebens Steak und Salat essen. Allein in diesem Buch finden Sie zahlreiche kreative Rezepte, die Low Carb zum Genuss werden lassen. Wer Pasta, Reis und Co. dennoch vermisst, findet zu den heiß geliebten Kohlenhydratbomben viele Alternativen.

Spaghetti aus Gemüse

Sie brauchen einen Ersatz für Pasta? Versuchen Sie es doch einmal mit Gemüsespaghetti! Einfach Zucchini und Möhren mit dem Gemüseschäler oder einer speziellen Küchenmaschine zu Spaghetti schneiden und mit einer passenden Soße (z. B. Carbonara oder Bolognese) zubereiten. Vorteil: Die Gemüsepasta muss noch nicht einmal gekocht werden! Einfach kurz in heißem Salzwasser ziehen lassen und ab in die Soße.

Blumenkohlpüree statt Kartoffelbrei

Kohlsorten sollten bei Low-Carb-Anhängern hoch im Kurs stehen. Geschmacklich sind sie ein fabelhafter Ersatz für Kartoffeln, haben aber fast sechsmal weniger Kohlenhydrate. Warum also nicht den Kartoffel- durch Blumenkohlpüree ersetzen!

Reiswaffeln sind das neue Brot

Auf dem Markt gibt es diverse Eiweißbrote, diese Ersatzprodukte enthalten jedoch viel Fett. Teilweise ist der Fettgehalt drei- bis zehnmal höher als beim Original. Weitaus besser fahren Sie z. B. mit Reiswaffeln. Nach Herzenslust belegen und genießen.

Kokos- und Mandelmehl statt Weißmehl

Wer's low carb „gebacken bekommen" möchte, für den sind diese beiden Mehlsorten eine gute Alternative zum Weizen. Wie wäre es mit einem feinen Marmorkuchen (S. 154) oder einer Rhabarbertorte (S. 151) aus Mandelmehl?

Dolce Vita mit Stevia oder Xylit

Nicht nur Zucker macht das Leben süß. Im Reformhandel finden Sie mit Stevia oder Xylit gesunde pflanzliche Alternativen, die Obst und Selbstgebackenes ebenso gut süßen.

Quinoa statt Reis

Quinoa enthält viele hochwertige Proteine und Ballaststoffe und besitzt einen hohen Eisen- und Magnesiumanteil. So ist das Pseudogetreide, das sich einer immer größeren Beliebtheit erfreut, die perfekte Alternative zu Reis. Zu finden ist es ebenfalls im Reformhaus sowie in den Bioabteilungen gut sortierter Drogeriemärkte.

Müsli mit Chiasamen

Haferflocken zum Frühstück machen lange satt. Wer diesen Effekt verstärken möchte, gibt noch Chiasamen hinzu. In Milch, Saft oder Wasser verändern die Samen ihre Konsistenz. Sie werden zu gelartigen Kugeln. Dabei vergrößert sich ihr Gewicht um das Neun- bis Zehnfache. Ein echter Sattmacher!

Frisches Obst statt Marmelade

Schon mal ein Vollkornbrot mit Bananenscheiben probiert? Oder eine Reiswaffel mit frisch pürierten Erdbeeren oder Himbeeren bestrichen? Frisches Obst bietet zuckerarme geschmackliche Alternativen zum herkömmlichen Marmeladenbrötchen. Wer will, kann die Brotaufstriche zusätzlich mit Stevia, Zimt oder Vanillemark verfeinern.

Gemüse- statt Kartoffelchips

Wer beim Fernsehen gerne knabbert, der sollte vorher mal kurz den Ofen anwerfen. Einfach Möhren-, Kohlrabi- oder Rote-Bete-Scheiben nach Gusto mit Salz, Paprika, Thymian oder Rosmarin würzen und kurz im Ofen rösten. So steht einem genussvollen TV-Event nichts mehr im Wege.

Vorbereitung, Planung und Motivation

Jetzt sind Sie low carb mit allen Wassern gewaschen, kennen die „Goldenen Regeln" und die besten Austauschtipps. Aber sind Sie auch wirklich auf eine Ernährungsumstellung vorbereitet? Wer lieb gewonnene und lebenslang eingespielte Essgewohnheiten über Bord wirft, um mit Low Carb gesünder zu leben oder abzunehmen, der muss damit rechnen, dass eine solche Umstellung nicht leicht ist. Beherzigen Sie

die Grundregel „Tolle Rezepte" und machen Sie sich am besten einen Wochenplan mit spannenden Rezepten, die Sie unbedingt kennenlernen möchten. Bauen Sie aber auch – gegebenenfalls abgewandelt – viele Ihrer Lieblingsspeisen, die bei der Low-Carb-Ernährung erlaubt sind, mit ein. So ist täglich etwas dabei ist, worauf Sie sich freuen können.

Beachten Sie außerdem, dass gerade am Anfang viele Hindernisse auftreten können. Sie bekommen z. B. bestimmte Produkte nicht oder suchen unterwegs nach einem low-carb-geeigneten Imbiss. Hier sollten Sie immer einen Plan B parat haben, wie Sie sich low carb unterwegs was Gutes tun oder bestimmte Zutaten ersetzen können. Auf Reisen können Sie sich z. B. eine Frischhaltebox mit vorbereitetem Gemüse oder Obst mitnehmen, für den kleinen Hunger im Büro können Sie z. B. ein paar Reiswaffeln im Schrank aufbewahren. So beugen Sie Heißhungerattacken vor.

Und wenn Sie dennoch einmal rückfällig werden, seien Sie nicht zu streng zu sich! Der Verzicht auf Brot, Nudeln, Kartoffeln und Reis – Lebensmittel, die bis vor Kurzem einen Großteil Ihrer Ernährung bestimmt haben – ist sehr schwer. Vielleicht brauchen Sie einfach mehrere Anläufe, um sich an ein Low-Carb-Leben zu gewöhnen. Eine Sünde ist nicht schlimm, wenn Sie danach einfach wieder ins Programm einsteigen! Wir wünschen Ihnen dabei viel Erfolg und ein genussvolles Leben!

Suppen und Salate

INGWER-MÖHREN-SUPPE

Zutaten für 2 Portionen

*abgeriebene Schale von 1 unbehandelten Orange, 2 EL Olivenöl,
300 g Möhren, 25 g Ingwer, 2 Schalotten, 1 EL Butter,
500 ml Gemüsebrühe, Salz, frisch gemahlener Pfeffer,
etwas frisch geriebener Muskat, 1 EL Zitronensaft,
50 g Sahne, etwas Petersilie für die Garnitur*

Zubereitungszeit *ca. 45 Min.*

Nährwertangaben

pro Portion: 336 kcal,
5 g Eiweiß, 30 g Fett,
14 g Kohlenhydrate

1. Orangenabrieb mit Olivenöl mischen und beiseitestellen. Möhren schälen und grob würfeln. Ingwer und Schalotten schälen und fein hacken.

2. Butter in einem Topf schmelzen lassen und Gemüse darin kurz andünsten. Gemüsebrühe aufgießen und zugedeckt bei mittlerer Hitze ca. 25 Minuten kochen lassen.

3. Suppe mit dem Stabmixer pürieren und mit Salz, Pfeffer, Muskat und Zitronensaft abschmecken. Orangen-Öl-Mischung durch ein feines Sieb pressen. Möhren-Ingwer-Suppe nochmals kurz aufkochen lassen. Mit etwas Orangenöl beträufeln und mit Sahne verfeinern. Mit gewaschener Petersilie garniert servieren.

KÜRBIS-APFEL-SUPPE MIT CURRY UND INGWER

Zutaten für 4 Portionen

300 g Hokkaidokürbis, 5 unbehandelte kleine Äpfel,
2 Thymianzweige, 700 ml Gemüsebrühe,
80 g Sahne und etwas Sahne für die Garnitur,
1 TL frisch geriebener Ingwer,
2 TL Currypulver, Salz

Zubereitungszeit *ca. 40 Min.*

Nährwertangaben

pro Portion: 205 kcal,
5 g Eiweiß, 10 g Fett,
25 g Kohlenhydrate

1. Kürbis waschen, entkernen und grob zerkleinern. 4 Äpfel waschen, schälen, Kerngehäuse entfernen und Äpfel in Würfel schneiden. Thymian waschen, trocken schütteln und Blättchen grob hacken.

2. Kürbisstücke in einen Topf geben, mit Gemüsebrühe aufgießen, kurz aufkochen und köcheln lassen. Nach ca. 10 Minuten gewürfelte Äpfel zugeben und alles weich kochen.

3. Suppe mit dem Stabmixer pürieren, Sahne einrühren, Ingwer, Thymian und Curry zugeben und mit Salz abschmecken. Suppe ca. 10 Minuten zugedeckt ziehen lassen.

4. Restlichen Apfel waschen, entkernen und in feine Streifen schneiden. Suppe in vorgewärmte Suppenschalen füllen, mit einem Klecks Sahne anrichten und mit Apfelstreifen garniert servieren.

GARNELEN-KOKOS-SUPPE

Zutaten für 2 Portionen

200 ml Kokosmilch, 500 ml Gemüsebrühe, 2 Stängel Zitronengras,
1 rote Chilischote, 25 g Ingwer, 150 g braune Champignons,
150 g Erbsen (TK-Produkt), 8 Garnelen (geschält und küchenfertig),
6 Stängel Koriandergrün, Saft von 1 Limette, 2–3 EL Fischsoße

Zubereitungszeit *ca. 20 Min.*

Nährwertangaben
pro Portion: 316 kcal,
42 g Eiweiß, 8 g Fett,
22 g Kohlenhydrate

1. Kokosmilch und Brühe in einem Topf aufkochen. Zitronengras waschen, trocken schütteln, unteres Ende dünn abschneiden und harte Außenblätter entfernen. Unteren hellen Teil mit dem Messerrücken faserig klopfen. Chilischote waschen. Ingwer schälen und fein hacken.

2. Zitronengras, Chilischote und Ingwer zur Kokosmilch-Brühe geben und Suppe bei mittlerer Hitze weitere ca. 5 Minuten kochen. Champignons putzen, waschen und vierteln. Pilze, Erbsen und Garnelen in die Suppe geben und weitere ca. 5 Minuten kochen.

3. Koriandergrün waschen, trocken schütteln und grob schneiden. Limettensaft zur Suppe geben und mit Fischsoße abschmecken. Mit Koriandergrün garniert servieren.

KALTE GURKEN-AVOCADO-SUPPE

Zutaten für 2 Portionen

2 Frühlingszwiebeln, 1 kleine Salatgurke,
1 reife Avocado, 150 g Joghurt,
300 ml Gemüsebrühe, Saft von 1 Limette,
Salz, frisch gemahlener Pfeffer,
einige Minzeblättchen für die Garnitur

Zubereitungszeit *ca. 15 Min. (+ ca. 1 Std. Kühlzeit)*

Nährwertangaben

pro Portion: 313 kcal,
9 g Eiweiß, 26 g Fett,
14 g Kohlenhydrate

1. Frühlingszwiebeln waschen und in Röllchen schneiden. Salatgurke waschen, schälen und längs halbieren. Kerne mit einem Löffel herausschaben. Avocado halbieren und entkernen. Fruchtfleisch mit einem Löffel entnehmen. Gurke und Avocado grob klein schneiden.

2. Gemüse mit dem Stabmixer fein pürieren, mit Joghurt und Gemüsebrühe gut vermischen und mit Limettensaft, Salz und Pfeffer abschmecken. Mindestens 1 Stunde kalt stellen. Suppe in die vorgekühlten Schalen füllen, mit etwas Pfeffer bestreuen und mit Minzeblättchen dekoriert servieren.

LAUCHSUPPE MIT KÄSE UND HACKFLEISCH

Zutaten für 2 Portionen

*2 Stangen Lauch, 1 Knoblauchzehe, 500 g Hackfleisch, 1 EL Öl,
Salz, frisch gemahlener Pfeffer, 600 ml Gemüsebrühe,
200 g Sahneschmelzkäse, 200 g Crème fraîche mit Kräutern,
etwas frisch geriebener Muskat,
Schnittlauchröllchen für die Garnitur*

Zubereitungszeit *ca. 40 Min.*

Nährwertangaben
pro Portion: 1315 kcal,
61 g Eiweiß, 109 g Fett,
24 g Kohlenhydrate

1. Lauch waschen, putzen und in dünne Ringe schneiden. Knoblauch schälen und fein hacken. Hackfleisch in heißem Öl anbraten, mit Salz und Pfeffer würzen. Lauch und Knoblauch zufügen und kurz mitbraten. Gemüsebrühe aufgießen und ca. 10 Minuten bei geringer Hitze köcheln lassen.

2. Schmelzkäse einrühren und schmelzen lassen. Crème fraîche zufügen und Suppe nochmals kurz aufkochen lassen. Mit Salz, Pfeffer und Muskat abschmecken und mit Schnittlauchröllchen bestreut servieren.

SPARGELCREMESUPPE MIT LACHS

Zutaten für 4 Portionen

*1 Zwiebel, 1 kg grüner Spargel, 2 EL Butter, 180 g Erbsen (TK-Produkt), Salz,
frisch gemahlener Pfeffer, 750 ml Gemüsebrühe, 250 g Sahne, 4 EL Zitronensaft,
etwas abgeriebene Schale von 1 unbehandelten Zitrone, 4 EL Olivenöl, 4 küchenfertige
Lachsfilets (à 150 g), 50–80 g Meerrettichwurzel, etwas Kerbel für die Garnitur*

Zubereitungszeit *ca. 1 Std.*

Nährwertangaben
pro Portion: 704 kcal,
43 g Eiweiß, 51 g Fett,
20 g Kohlenhydrate

1. Zwiebel schälen und fein hacken. Spargel waschen, holzige Enden abschneiden und unteres Drittel schälen. Spitzen abschneiden und längs halbieren. Übrigen Spargel in Scheiben schneiden. Backofen auf 200 °C (Umluft: 180 °C) vorheizen. Spargelscheiben und Zwiebel in Butter andünsten, 100 Gramm Erbsen zugeben. Salzen und pfeffern. Brühe und Sahne zugießen, aufkochen und zugedeckt bei mittlerer Hitze ca. 15 Minuten köcheln lassen.

2. 2 Esslöffel Zitronensaft, Zitronenschale und Olivenöl verrühren. Lachs in eine ofenfeste Form legen, mit Salz und Pfeffer würzen und mit der Zitronen-Öl-Mischung beträufeln. Im vorgeheizten Backofen ca. 10–12 Minuten garen.

3. Suppe mit dem Stabmixer fein pürieren, restliche Erbsen und Spargelspitzen zugeben und aufkochen lassen. Zugedeckt bei mittlerer Hitze weitere ca. 5 Minuten garen. Meerrettichwurzel waschen, schälen und fein reiben. Ein wenig davon für die Garnitur beiseitestellen. Meerrettich nach Geschmack zur Suppe geben – nicht mehr aufkochen! Suppe mit Salz, Pfeffer und restlichem Zitronensaft abschmecken. Mit dem Lachs auf vorgewärmten Tellern anrichten, mit Meerrettich und gewaschenem Kerbel dekoriert servieren.

Vorteile und Empfehlungen

Dass Gemüse gesund ist, weiß jeder. Neben wertvollen Vitaminen und Mineralstoffen liefert es auch viele sekundäre Pflanzenstoffe sowie Ballaststoffe, die für eine lange Sättigung und eine gute Verdauung sorgen. Zudem hat es eine geringe Energiedichte, d. h., es liefert wenige Kalorien pro Gramm bzw. Portion. Egal also ob roh oder gegart, es lohnt sich, Gemüse zu einem Hauptakteur auf dem Speiseplan zu machen. Essen Sie kohlenhydratarmes Gemüse uneingeschränkt in beliebigen Mengen und nehmen Sie auch hin und wieder etwas Gemüse mit mehr Kohlenhydraten zu sich, um Abwechslung und Nährstoffvielfalt zu schaffen.

Gemüse und Salat

Gemüse und Salat bilden den Schwerpunkt einer Ernährung nach Low-Carb-Prinzipien. Da Gemüse kaum Kohlenhydrate enthält, ist es für Low Carb ideal. Im Durchschnitt erreichen die verschiedenen Gemüsesorten einen Kohlenhydratanteil von weniger als 5 Gramm pro 100 Gramm Gemüse. Die Ausnahme bilden stärkehaltige Erzeugnisse wie Kartoffeln, Erbsen oder Mais. Geeignet sind hingegen vor allem die meisten grünen Gemüsesorten wie beispielsweise grüne Bohnen, Spinat, Mangold, Gurken und Zucchini. Auch Sprossen und Kräuter sind für die Low-Carb-Ernährung unbedenklich. Aber auch Kohl wie Blumenkohl, Weißkohl oder Wirsing und Gemüsesorten wie z. B. Auberginen, Spargel, Zwiebeln, Rhabarber oder Tomaten sind geeignet. Das Gleiche gilt auch für Salatsorten wie etwa Blatt- oder Feldsalat. Da man bei einer Low-Carb-Ernährung gerade am Abend möglichst keine oder nur wenige Kohlenhydrate zu sich nehmen sollte, ist ein frischer Salat zum Abendessen eine hervorragende Wahl. Gemüse eignet sich auch gut, um kohlenhydratreiche Beilagen wie Getreideprodukte und Reis zu ersetzen. Und auch als Suppe ist es lecker und sehr sättigend.

FEINE ERBSENSUPPE MIT SHRIMPS

Zutaten für 4 Portionen

100 g Cashewkerne (ungeröstet, ungesalzen), 1 Zwiebel, 2 EL Öl,
500 g Erbsen (TK-Produkt), 1 l Gemüsebrühe, Salz,
frisch gemahlener Pfeffer, 2–3 TL Zitronensaft,
200 g Shrimps oder Nordseekrabben (küchenfertig)

Zubereitungszeit *ca. 35 Min.*

Nährwertangaben
pro Portion: 403 kcal,
25 g Eiweiß, 21 g Fett,
28 g Kohlenhydrate

1. Cashewkerne grob hacken. Zwiebel schälen und fein hacken. 1 Esslöffel Öl in einem Topf erhitzen und Zwiebel darin andünsten. Cashewkerne zugeben und kurz anrösten. Erbsen zugeben, mit Gemüsebrühe aufgießen und aufkochen lassen. Zugedeckt bei mittlerer Hitze ca. 10 Minuten köcheln lassen.

2. Suppe fein pürieren und mit Salz, Pfeffer und Zitronensaft abschmecken. Shrimps oder Krabben mit restlichem Öl kurz in der Pfanne anbraten. Suppe in vorgewärmte Schalen füllen und mit Shrimps oder Krabben anrichten.

SCHWARZWURZELSALAT MIT LACHS

Zutaten für 4 Portionen

500 g Schwarzwurzeln, Essig, Salz, 1 Packung Babyspinat,
1 Möhre, 2 EL Öl, 4 Scheiben Lachsfilet (à 200 g),
3 EL Sojasoße, Saft von 1 Limette,
3 Spritzer Tabasco, 2 TL Sesamöl,
frisch gemahlener Pfeffer, 2 TL Sesam

Zubereitungszeit *ca. 45 Min.*

Nährwertangaben

pro Portion: 491 kcal,
45 g Eiweiß, 31 g Fett,
8 g Kohlenhydrate

1. Schwarzwurzeln schälen (Handschuhe tragen!) und in Essigwasser legen, damit sie sich nicht verfärben. Schräg in 2–3 Zentimeter lange Stücke schneiden und in reichlich kochendem Salzwasser ca. 8–10 Minuten bissfest garen.

2. Spinat waschen und trocken schütteln. Möhre schälen und grob raspeln. Schwarzwurzeln über einem Sieb abgießen und abkühlen lassen.

3. Öl in einer Pfanne erhitzen und Lachsfilets von jeder Seite ca. 5 Minuten braten. Herausnehmen, in Alufolie wickeln und warm stellen. Sojasoße, Limettensaft und 100 Milliliter Wasser ins Bratfett geben und aufkochen lassen. Tabasco und Sesamöl zufügen und mit Salz und Pfeffer abschmecken. Gemüse mit der Soße vermischen, mit Lachs anrichten und mit Sesam bestreut servieren.

SALAT MIT APFEL UND WALNÜSSEN

Zutaten für 2 Portionen

*1 rote Zwiebel, 4 braune Champignons, 2 Scheiben Serranoschinken,
1 Handvoll Walnüsse, 1 kleiner Apfel,
150 g Salatmischung (küchenfertig), 6 EL Olivenöl,
2 EL Balsamico, frisch gemahlener Pfeffer,
1 TL Senf, 1 TL flüssiger Süßstoff*

Zubereitungszeit *ca. 15 Min.*

Nährwertangaben
pro Portion: 424 kcal,
7 g Eiweiß, 39 g Fett,
10 g Kohlenhydrate

1. Zwiebel schälen und in feine Ringe schneiden. Champignons putzen und in Scheiben schneiden. Schinken in feine Streifen schneiden. Walnüsse grob zerkleinern. Apfel waschen, schälen, Kerngehäuse entfernen und Apfel würfeln. Salatmischung waschen und trocken schleudern.

2. Olivenöl mit Balsamico und etwas Wasser vermischen und mit Pfeffer, Senf und nach Belieben mit Süßstoff abschmecken. Salatmischung auf zwei Tellern anrichten. Zwiebel, Pilze, Apfel und Schinken darauf verteilen, mit Dressing beträufeln und mit Walnüssen garniert servieren.

SPINATSALAT MIT ANANAS UND MANGO

Zutaten für 4 Portionen

500 g Babyspinat, 1 Mango, ½ Ananas,
4–6 EL Limettensaft, 4–6 EL Olivenöl,
1 EL Agavendicksaft, Salz,
frisch gemahlener Pfeffer,
20 g getrocknete Cranberrys

Zubereitungszeit *ca. 15 Min.*

Nährwertangaben

pro Portion: 262 kcal,
5 g Eiweiß, 13 g Fett,
30 g Kohlenhydrate

1. Spinat waschen und trocken schütteln. Mango schälen, entkernen und Fruchtfleisch würfeln. Ananas schälen, Strunk entfernen und Fruchtfleisch würfeln.

2. Limettensaft, Olivenöl und Agavendicksaft in einer Schüssel verrühren, Spinat zugeben und vorsichtig vermischen. Mit Salz und Pfeffer abschmecken. In vier Schälchen anrichten, Mango und Ananas darauf verteilen und mit Cranberrys garniert servieren.

SPARGEL-MOZZARELLA-TOMATEN-SALAT

Zutaten für 2 Portionen

750 g weißer Spargel, Salz, 1 TL Butter,
20 g Pinienkerne, 1 Päckchen Mini-Mozzarella,
150 g Kirschtomaten, ½ Bund Basilikum,
1 Frühlingszwiebel, 3 EL Zitronensaft,
3 EL Olivenöl, frisch gemahlener Pfeffer

Zubereitungszeit *ca. 35 Min.*

Nährwertangaben

pro Portion: 495 kcal,
24 g Eiweiß, 38 g Fett,
13 g Kohlenhydrate

1. Spargel schälen und holzige Enden abschneiden. Stangen in ca. 2–3 Zentimeter lange Stücke schneiden, Spargelköpfe längs halbieren. Ausreichend Salzwasser zum Kochen bringen, Butter zufügen, Spargel hineingeben und ca. 5 Minuten kochen. Über einem Sieb abtropfen lassen, Spargelsud auffangen. Spargel und Sud abkühlen lassen.

2. Pinienkerne in einer Pfanne ohne Fettzugabe kurz anrösten, abkühlen lassen und grob hacken. Mozzarella über einem Sieb abtropfen lassen. Tomaten waschen, halbieren und vom Stielansatz befreien. Basilikum waschen, trocken schütteln, Blättchen abzupfen und grob hacken. Frühlingszwiebel putzen, waschen und in dünne Röllchen schneiden.

3. Frühlingszwiebel mit Zitronensaft, Öl und 6 Esslöffeln Spargelsud verrühren und mit Salz und Pfeffer abschmecken. Mit Spargel, Tomaten, Mozzarella und Basilikum vermischen. In zwei Schälchen anrichten und mit Pinienkernen bestreut servieren.

RETTICH-GURKEN-SALAT MIT MAKRELE

Zutaten für 2 Portionen

250 g unbehandelte Salatgurke, 250 g Rettich,
1 Römersalatherz, 6 EL Sojasoße,
3 EL Limettensaft,
1 TL Honig, 4 EL Öl,
175 g Makrelenfilets ohne Haut (geräuchert)

Zubereitungszeit *ca. 20 Min.*

Nährwertangaben
pro Portion: 467 kcal,
28 g Eiweiß, 34 g Fett,
14 g Kohlenhydrate

1. Gurke und Rettich schälen. Gemüse in dünne Scheiben hobeln. Römersalatherz waschen und zerpflücken.

2. Sojasoße mit Limettensaft, Honig und Öl gut vermischen. Gurke, Rettich und Salat unterheben. In zwei Schälchen anrichten. Makrelenfilets zerpflücken und auf dem Salat verteilen.

Info Fisch ist ein sehr guter Eiweißlieferant und enthält wichtige Aminosäuren. Fettreiche Fische wie Hering, Makrele und Lachs machen lange satt und enthalten zudem gesundheitsfördernde Omega-3-Fettsäuren, die Herz und Kreislauf schützen.

SALAT MIT HÄHNCHEN UND HIMBEEREN

Zutaten für 2 Portionen

*150 g Blattsalatmischung (küchenfertig), 300 g Hähnchenbrustfilet, 3 EL Sojasoße,
6 EL Olivenöl und etwas Öl zum Braten, 50 g Himbeeren, 1 Schalotte,
2 Knoblauchzehen, ½ Avocado, 1 TL Salz, 2 EL Himbeeressig,
nach Belieben 2 TL gehackte Kräuter (z. B. Dill, Petersilie), 30 g Walnüsse*

Zubereitungszeit *ca. 30 Min.*

Nährwertangaben

pro Portion: 688 kcal,
44 g Eiweiß, 52 g Fett,
9 g Kohlenhydrate

1. Salat waschen und trocken schleudern. Hähnchenbrustfilet in ca. 2 Zentimeter breite Streifen schneiden. Sojasoße und 3 Esslöffel Öl vermischen und Hähnchen damit marinieren.

2. Himbeeren waschen und trocken tupfen. Schalotte und Knoblauch schälen und fein hacken. Avocado entkernen. Fruchtfleisch mit einem Löffel entnehmen und in kleine Stücke schneiden.

3. 75 Milliliter warmes Wasser in eine Schüssel geben, Salz darin auflösen und mit Himbeeren, Schalotte und Knoblauch vermischen. Mit Himbeeressig und nach Belieben mit Kräutern abschmecken und restliches Öl zugeben. Walnüsse halbieren.

4. Hähnchenstreifen in einer beschichteten Pfanne in etwas Öl anbraten. Salat auf zwei Tellern anrichten, Hähnchenstreifen und Avocado daraufgeben und Dressing darüberträufeln. Mit Walnüssen dekoriert servieren.

FENCHEL-ORANGEN-SALAT

Zutaten für 2 Portionen

*2 Fenchelknollen, Salz, 2 Orangen,
1 TL Zitronensaft, 2 EL Olivenöl,
frisch gemahlener weißer Pfeffer*

Zubereitungszeit *ca. 20 Min.*

Nährwertangaben
pro Portion: 240 kcal,
8 g Eiweiß, 11 g Fett,
24 g Kohlenhydrate

1. Fenchel waschen und putzen. Strunk keilförmig herausschneiden. Fenchelgrün beiseitelegen. Fenchel in feine Scheiben hobeln. Mit 1 Prise Salz in eine Schüssel geben und mit den Händen gut durchkneten.

2. Orangen schälen und filetieren. Den dabei austretenden Saft auffangen. Restlichen Saft aus den Orangen pressen und ebenfalls auffangen. Fenchelgrün grob hacken.

3. Orangensaft und Zitronensaft mit Olivenöl vermischen und mit Salz und Pfeffer abschmecken. Fenchel, Fenchelgrün und Orangenfilets unterheben. Auf zwei Tellern anrichten und sofort servieren.

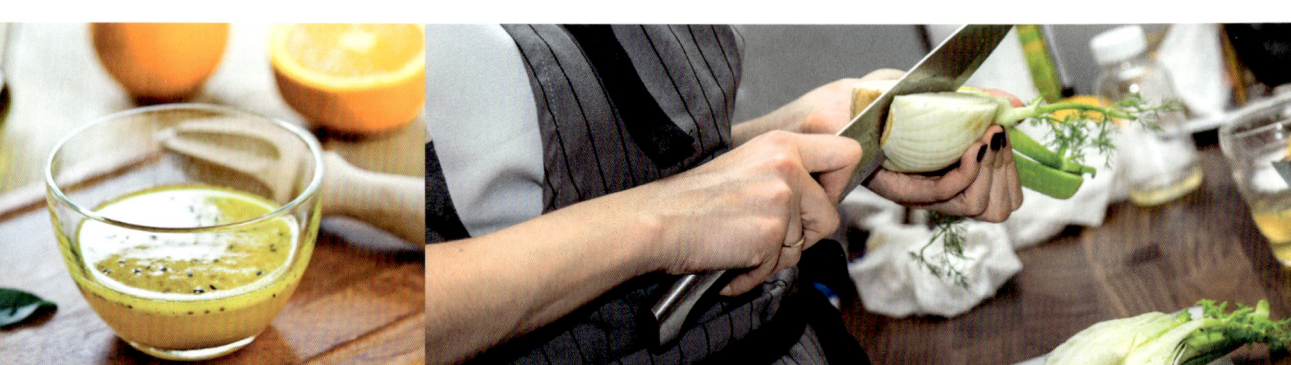

SPINAT-GURKEN-SALAT MIT MOZZARELLA

Zutaten für 4 Portionen

*4 rote Zwiebeln, 6 EL Olivenöl und etwas Öl zum Braten, 4 EL Mandelblättchen,
200 g Salatgurke, 100 g Kirschtomaten, 100 g Babyspinat, 6 Stängel Thymian,
400 g Mozzarella, 100 ml Orangensaft, 4 EL Balsamico, Salz, frisch gemahlener Pfeffer*

Zubereitungszeit *ca. 40 Min.*

Nährwertangaben

pro Portion: 502 kcal,
21 g Eiweiß, 43 g Fett,
7 g Kohlenhydrate

1. Zwiebeln schälen und in ca. 1 Zentimeter dicke Scheiben schneiden. Etwas Öl in einer Pfanne erhitzen und Zwiebeln darin ca. 6–8 Minuten auf jeder Seite braten. Mandelplättchen in einer Pfanne ohne Fettzugabe kurz anrösten.

2. Gurke waschen, längs halbieren, Kerne entfernen und Gurke in kleine Stücke schneiden. Kirschtomaten waschen, halbieren und vom Stielansatz befreien. Spinat putzen, waschen und trocken schütteln. Thymian waschen, trocken schütteln und Blättchen fein hacken. Mozzarella über einem Sieb abtropfen lassen und klein würfeln.

3. Orangensaft, Balsamico und 6 Esslöffel Olivenöl vermischen und mit Salz und Pfeffer abschmecken. Thymianblättchen untermischen. Gurke, Tomaten und Spinat auf vier Tellern anrichten, Zwiebeln und Mozzarella darauf verteilen. Mit Dressing beträufeln und mit Mandelblättchen garnieren.

Low-Carb-Snacks

Low Carb ist einfach, wenn man planen und vorbereiten kann. Aber was ist, wenn einen zwischen den Mahlzeiten der Hunger packt? Die meisten greifen in diesem Fall spontan zu Chips, Gebäck, Müsliriegeln, Sandwiches und Co. Die Kohlenhydratfalle schnappt zu und mit den guten Vorsätzen in puncto gesunde Ernährung ist es schnell vorbei. Gegen den Zucker-Crash sollte man einige praktische Low-Carb-Zutaten in der Vorratskammer haben, die den Blutzucker-spiegel nicht unnötig belasten und lange satt machen.

Nüsse kommen ohne lange Zubereitung aus und sind genau das Richtige, wenn es schnell gehen muss. Sie liefern hochwertiges Eiweiß und gesunde ungesättigte Fettsäuren, Ballaststoffe, Kalzium und Eisen. Außerdem sind sie eine gute „Nervennahrung" fürs Büro. Ob **Macadamia-, Paranüsse, Walnüsse oder Cashewkerne:** Eine Handvoll am Tag reicht aus.

Mit nur wenig Vorbereitung eignen sich auch **Eier** prima zum Snacken. Ob gebraten oder hart gekocht, sind sie in wenigen Minuten zubereitet. Wer einen sättigenden Low-Carb-Snack fürs Büro benötigt, packt die hart gekochten Eier einfach in eine Brotbox. Dazu passt z. B. **Senf** und ein Stück **Gurke**.

Wer zu Hause, z. B. vor dem Fernseher, gesund knabbern möchte, greift zu Gemüsechips oder Gemüsesticks mit Kräuterquark. Einfach z. B. **Karotten, Stangensellerie, Kohlrabi oder Spitzpaprika** in Streifen schneiden und dippen. Wenn's schnell gehen soll, greift man zu Mini-Gemüse aus der Schale wie z. B. Cocktailtomaten.

Um satt zu werden, benötigt man kein Sandwich mit ungesundem Weißmehl. Wer es gerne etwas herzhafter mag, greift stattdessen zu **Käse, Fleisch oder Fisch pur.** Mögliche Snackideen sind z. B. Goudawürfel, abgepackte Salami, Cabanossi, Trockenfleisch wie z. B. Beef Jerky oder Thunfisch aus der Dose.

Fleisch und Geflügel

OSSOBUCO MIT SCHMORGEMÜSE

Zutaten für 4 Portionen

1 Knoblauchzehe, 2 Zwiebeln, 2 Möhren, 2 Stangen Sellerie,
3 EL Kokosmehl, 2 TL rosenscharfes Paprikapulver,
1,2 kg Kalbsbeinscheiben (ca. 3 cm dick),
2 EL Olivenöl, Salz, frisch gemahlener Pfeffer,
350 ml Kalbsfond, 150 ml Weißwein

Zubereitungszeit *ca. 3 Std.*

Nährwertangaben

pro Portion: 638 kcal,
87 g Eiweiß, 25 g Fett,
11 g Kohlenhydrate

1. Knoblauch schälen und fein hacken. Restliches Gemüse waschen bzw. schälen und in ca. 5 Millimeter große Würfel schneiden. Kokosmehl und Paprikapulver miteinander vermischen. Beinscheiben darin wenden und überschüssiges Kokosmehl leicht abklopfen. Öl in einem großen Bräter erhitzen und Fleisch von beiden Seiten in 2 Portionen goldbraun anbraten. Mit Salz und Pfeffer würzen, herausnehmen und warm stellen.

2. Knoblauch und restliches Gemüse in den Bräter geben und ca. 5–6 Minuten farblos andünsten. Kalbsfond und Wein zugießen und Fleisch zugeben. Zugedeckt ca. 2–2½ Stunden bei geringer Hitze schmoren lassen, bis das Fleisch weich ist. Ossobuco mit Schmorgemüse auf vorgewärmten Tellern anrichten.

SCHWEINSMEDAILLONS MIT ROMANESCO

Zutaten für 2 Portionen

1 Romanesco, Salz, 10 Blätter Basilikum, 150 g Cocktailtomaten, 1 Schweinefilet (à 300 g), 8 EL Butter, 2 EL Sahnejoghurt, 1 Eigelb, Cayennepfeffer, 2 EL Pflanzenöl, frisch gemahlener Pfeffer

Zubereitungszeit *ca. 40 Min.*

Nährwertangaben
pro Portion: 653 kcal,
41 g Eiweiß, 51 g Fett,
9 g Kohlenhydrate

1. Romanesco waschen und in kleine Röschen teilen. In kochendem Salzwasser ca. 5 Minuten blanchieren. Über einem Sieb abtropfen lassen. Basilikum waschen und trocken schütteln. Tomaten waschen und vom Stielansatz befreien. Schweinefilet in ca. 2 Zentimeter dicke Scheiben schneiden.

2. Butter in einem Topf zerlassen und kurz aufkochen lassen. Joghurt, Eigelb und Basilikum mit dem Stabmixer fein pürieren. Heiße Butter langsam zugießen, dabei Stabmixer weiter laufen lassen. Mit Salz und Cayennepfeffer abschmecken.

3. Öl erhitzen und Fleisch darin von jeder Seite ca. 2–3 Minuten goldbraun anbraten. Herausnehmen, salzen und warm stellen. Romanesco und Tomaten ca. 5 Minuten anbraten. Mit Salz und Pfeffer abschmecken. Alles auf Tellern anrichten und mit Basilikumsoße beträufeln.

KALBSRAGOUT MIT KOHLRABI

Zutaten für 4 Portionen

250 g Schalotten, 800 g Kalbsgulasch, 3 EL Kokosmehl, 3 EL Öl, Salz, frisch gemahlener Pfeffer, 50 ml Weißwein, 500 ml Geflügelfond, 1 unbehandelte Zitrone, 2 Kohlrabis, 75 g Kochsahne, 1 TL Johannisbrotkernmehl, 1 Bund Kerbel, 1 EL Honig

Zubereitungszeit *ca. 1 Std. und 35 Min.*

Nährwertangaben

pro Portion: 436 kcal,
27 g Eiweiß, 18 g Fett,
17 g Kohlenhydrate

1. Schalotten schälen und vierteln. Fleisch trocken tupfen und gleichmäßig mit Kokosmehl bestäuben. Öl in einem Schmortopf erhitzen und Fleisch in 2 Portionen von allen Seiten anbraten. Herausnehmen und warm stellen. Schalotten im Bratfett kurz andünsten. Fleisch wieder hineingeben und mit Salz und Pfeffer würzen. Wein zugießen und einreduzieren lassen. Geflügelfond ebenfalls zugießen und aufkochen lassen.

2. Zitrone mit heißem Wasser gründlich waschen und trocken reiben. Zitronenschale mit dem Sparschäler in einer dünnen Spirale schälen, zum Kalbsfleisch geben und alles zugedeckt bei geringer Hitze ca. 30 Minuten schmoren lassen.

3. Kohlrabis schälen und in kleine Würfel schneiden. Zum Kalbfleisch geben und offen bei geringer Hitze weitere ca. 20 Minuten schmoren lassen. Sahne und Johannisbrotkernmehl unter Rühren zum Kalbsragout geben und kurz aufkochen lassen.

4. Kerbel waschen, trocken schütteln und fein hacken. Zitrone halbieren und eine Hälfte auspressen. Zitronenschale aus dem Ragout entfernen, Honig unterrühren und Ragout mit Salz, Pfeffer und Zitronensaft abschmecken. Vor dem Servieren Kerbel unter das Kalbsragout mischen.

LAMMKOTELETTS MIT ROTER BETE

Zutaten für 2 Portionen

6 Lammkoteletts (à 80 g), 3–4 TL Öl und etwas Öl zum Einpinseln,
Salz, frisch gemahlener Pfeffer, 2 Zwiebeln,
300 g vorgegarte Rote Bete, 1 Knoblauchzehe,
200 g körniger Frischkäse,
gehackte Kräuter (z. B. Thymian, Rosmarin)

Zubereitungszeit *ca. 35 Min.*

Nährwertangaben

pro Portion: 828 kcal,
76 g Eiweiß, 48 g Fett,
21 g Kohlenhydrate

1. Lammkoteletts waschen, trocken tupfen und mit etwas Öl einpinseln. Backofen auf 100 °C (Umluft: 80 °C) vorheizen. Eine große Grillpfanne erhitzen und Lammkoteletts darin auf jeder Seite ca. 2–3 Minuten bei starker Hitze braten. Herausnehmen, salzen und pfeffern und im vorgeheizten Backofen warm halten.

2. Zwiebeln schälen und fein hacken. Rote Bete in Scheiben schneiden. 2 Teelöffel Öl erhitzen und 1 Zwiebel darin glasig anbraten. Herausnehmen und beiseitestellen. Restliche Zwiebel ebenfalls in etwas Öl glasig anbraten. Rote Bete und 3 Esslöffel Wasser zugeben. Mit Salz und Pfeffer würzen. Bei mittlerer Hitze ca. 3 Minuten dünsten.

3. Knoblauch schälen und fein hacken. Frischkäse mit Knoblauch vermischen und mit Salz und Pfeffer abschmecken. Restliches Öl mit Kräutern und beiseitegestellter Zwiebel mischen. Koteletts aus dem Ofen nehmen, Kräuteröl darübergeben und mit Rote-Bete-Zwiebel-Mischung und Frischkäse servieren.

KASSELER MIT CIDRE-SAUERKRAUT

Zutaten für 4 Portionen

*2 Beutel Sauerkraut, (à 800 g), 1 unbehandelter säuerlicher Apfel,
3 Lorbeerblätter, Salz, frisch gemahlener Pfeffer,
1,2 kg Kasselernacken (ohne Knochen), 200 ml trockener Cidre*

Zubereitungszeit *ca. 1 Std.*

Nährwertangaben

pro Portion: 647 kcal,
53 g Eiweiß, 40 g Fett,
15 g Kohlenhydrate

1. Sauerkraut gut ausdrücken. Apfel waschen, halbieren und Kerngehäuse entfernen. In ca. 1 Zentimeter große Würfel schneiden. Apfelstücke und Lorbeerblätter mit Sauerkraut vermischen und mit Salz und Pfeffer würzen. Backofen auf 200 °C (Umluft: 180 °C) vorheizen.

2. Bratschlauch nach Packungsanweisung vorbereiten. Sauerkraut-Apfel-Mischung darin verteilen und Kasseler daraufsetzen. Cidre zugießen, Bratschlauch verschließen und nach Packungsanweisung einschneiden. Auf ein Backblech legen und im vorgeheizten Backofen ca. 45 Minuten schmoren.

3. Kasseler vorsichtig aus dem Bratschlauch nehmen (es steigt heißer Dampf auf!). In Scheiben schneiden. Cidre-Sauerkraut auf vorgewärmte Teller verteilen und Kasselerscheiben darauf anrichten. Dazu passt Selleriepüree.

KÜRBIS-HACK-AUFLAUF

Zutaten für 3 Portionen

500 g Muskatkürbis, etwas frisch geriebener Muskat, Salz, 1 Paprikaschote, 1 Zwiebel, 2 EL Öl, 300 g Rinderhackfleisch, 2 TL Garam Masala (indische Gewürzmischung), 150 ml Gemüsebrühe, Cayennepfeffer, 1 Eigelb, 30 g Butter, 3 TL Sesam

Zubereitungszeit *ca. 1 Std. und 35 Min.*

Nährwertangaben

pro Portion: 522 kcal,
35 g Eiweiß, 36 g Fett,
15 g Kohlenhydrate

1. Kürbis schälen, Kerne und Fasern entfernen und Fruchtfleisch in ca. 2 Zentimeter große Würfel schneiden. In einen Topf geben, 4 Esslöffel Wasser zufügen und mit Muskat und Salz würzen. Zugedeckt aufkochen lassen und bei geringer Hitze ca. 20 Minuten weich dünsten. Mit dem Stabmixer grob pürieren.

2. Paprikaschote waschen, entkernen und in ca. 2 Zentimeter große Würfel schneiden. Zwiebel schälen und fein hacken. Öl in einer Pfanne erhitzen und Zwiebel darin glasig dünsten. Rinderhack zugeben und bei starker Hitze grob krümelig anbraten. Paprika zugeben und kurz mitbraten. Mit Salz und Garam Masala abschmecken. Brühe aufgießen und aufkochen lassen. Hackfleischmasse in eine ofenfeste Form (24 Zentimeter Durchmesser) füllen. Backofen auf 200 °C (Umluft: 180 °C) vorheizen.

3. Kürbispüree in der Pfanne unter Rühren kurz erwärmen, mit Cayennepfeffer abschmecken und Eigelb unterrühren. Kürbispüree auf der Hackfleischmasse verteilen. Butter in einem kleinen Topf zerlassen, über das Kürbispüree gießen und mit Sesam bestreuen. Im vorgeheizten Backofen ca. 20 Minuten backen.

KÖNIGSBERGER KLOPSE

Zutaten für 4 Portionen

*1 kleine Zwiebel, ½ Bund Petersilie und etwas Petersilie für die Garnitur,
500 g gemischtes Hackfleisch, 1 kleines Ei, 1 EL Senf, 1–2 TL Johannisbrotkernmehl und
15 g Johannisbrotkernmehl zum Binden, Salz, frisch gemahlener Pfeffer, 1¾ l Brühe,
1 Glas Kapern, 200 ml Sojacreme, etwas Zitronensaft*

Zubereitungszeit *ca. 45 Min.*

Nährwertangaben

pro Portion: 499 kcal,
43 g Eiweiß, 32 g Fett,
11 g Kohlenhydrate

1. Zwiebel schälen und fein hacken. Petersilie waschen, trocken schütteln und Blättchen fein hacken. Mit Hackfleisch, Ei, Senf und 1–2 Teelöffel Johannisbrotkernmehl verkneten und mit Salz und Pfeffer würzen. Mit feuchten Händen zu Klopsen (Tischtennisballgröße) formen.

2. Brühe aufkochen. Klopse vorsichtig hineingeben und einmal kurz aufkochen lassen. Zugedeckt bei geringer Hitze ca. 15–20 Minuten ziehen lassen.

3. Kapern abtropfen lassen. 600 Milliliter von der Brühe über einem Sieb in einen zweiten Topf gießen und mit restlichem Johannisbrotkernmehl binden. Kapern und Sojacreme zugeben, kurz erwärmen und mit Salz, Pfeffer und Zitronensaft abschmecken.

4. Königsberger Klopse mit einer Schaumkelle aus dem Sud nehmen und in die Soße geben. Auf Tellern anrichten und mit Petersilie garniert servieren. Dazu passt Steckrübenpüree und ein frischer Gurkensalat.

HÄHNCHEN IN TOMATENSOSSE

Zutaten für 2 Portionen

1 Zwiebel, 2 Knoblauchzehen,
300 g Hähnchenbrustfilet, 300 g Gemüse (TK-Produkt),
500 g passierte Tomaten, Salz,
frisch gemahlener Pfeffer, Paprikapulver, Oregano,
100 g Käse (z. B. Parmesan)

Zubereitungszeit *ca. 50 Min.*

Nährwertangaben
pro Portion: 512 kcal,
65 g Eiweiß, 20 g Fett,
18 g Kohlenhydrate

1. Backofen auf 180°C (Umluft: 160 °C) vorheizen. Zwiebel und Knoblauch schälen und fein hacken. Hähnchenbrustfilet in mundgerechte Stücke schneiden. Zusammen mit Gemüse, Zwiebel und Knoblauch in eine Auflaufform schichten.

2. Passierte Tomaten zugeben und mit Salz, Pfeffer, Paprikapulver und Oregano würzen. Im vorgeheizten Backofen ca. 30 Minuten garen. Käse darüberstreuen und so lange weiterbacken, bis der Käse goldbraun ist.

HÄHNCHENCURRY MIT BLUMENKOHL-„REIS"

Zutaten für 2 Portionen

½ Blumenkohl, Salz, 100 g Babyspinat,
100 g Zuckerschoten, 1 Peperoni, 20 g Ingwer,
2 Hähnchenbrustfilets (à 150 g), 3 EL Pflanzenöl,
1 TL mildes Currypulver, 150 ml Hühnerbrühe,
200 ml Kokosmilch, 2–3 TL Zitronensaft

Zubereitungszeit *ca. 1 Std.*

Nährwertangaben
pro Portion: 465 kcal,
55 g Eiweiß, 18 g Fett,
17 g Kohlenhydrate

1. Blumenkohl waschen und in Röschen teilen. In der Küchenmaschine oder mit einem großen Messer zerkleinern, bis sie die Größe von Reiskörnern haben. 50 Milliliter Wasser zum Kochen bringen, eine Prise Salz zufügen und Blumenkohl zugeben. Zugedeckt bei geringer Hitze ca. 15 Minuten dünsten.

2. Spinat waschen und trocken schütteln. Zuckerschoten waschen, Enden und Fäden entfernen. Peperoni putzen, waschen und in feine Ringe schneiden. Ingwer schälen und fein hacken. Hähnchenbrustfilets trocken tupfen, in ca. 3 Zentimeter große Würfel schneiden und mit Salz würzen.

3. Öl in einem Topf erhitzen. Hähnchenbrustfilets darin von allen Seiten goldbraun anbraten. Peperoni und Ingwer zugeben und kurz mitbraten. Mit Currypulver abschmecken. Hühnerbrühe und Kokosmilch zugießen und aufkochen lassen. Zuckerschoten und Spinat zugeben und bei mittlerer Hitze ca. 5 Minuten garen. Mit Salz und Zitronensaft abschmecken. Blumenkohl-„Reis" mit einer Gabel auflockern und mit dem Hähnchencurry servieren.

Fleisch und Wurst

Bei Low Carb kommen Fleischfans voll auf ihre Kosten! Schwein, Rind, Lamm, Wild oder Geflügel – dies alles ist bei Low Carb erlaubt und liefert dem Körper die Energie, die er für den Tag braucht. Nicht geeignet sind allerdings z. B. paniertes oder mariniertes Fleisch oder stark verarbeitetes Fleisch, das Nitrite oder Zuckerzusätze aufweist. Denn diese Produkte enthalten ungesunde Inhaltsstoffe und lassen die Kohlenhydrat- bzw. Kalorienbilanz in die Höhe schnellen. Zugreifen darf man hingegen bei Wurstwaren wie magerem Bierschinken, Lachs-, Nuss- oder Putenschinken, aber auch bei Salami, Chorizo, Puten-, Hähnchenbrust- oder Kasseler-Aufschnitt, Leber-, Tee- Schinken- oder Mettwurst. Die Finger lassen sollte man hingegen von Bier-, Blut-, Zwiebel-, Jagd- oder Grützwurst. Gemischte Wurstwaren wie Leberwurst oder Leberkäse haben meist einen zu niedrigen Eiweiß- und einen zu hohen Fettanteil. Generell sollte man darauf achten, dass Low Carb kein Freifahrtschein ist, um wahre Fleischberge zu verschlingen. Ebenso wie zu viele Kohlenhydrate wirkt sich auch dies über kurz oder lang negativ auf die Gesundheit aus.

Vorteile

Mageres Fleisch und Geflügel liefert nur wenige Kohlenhydrate, dafür aber viel Eiweiß. Wer wenige Kohlenhydrate zu sich nimmt, sollte durch gesunde Proteine „Energie tanken". Der durchschnittliche Eiweißbedarf liegt bei ca. 1,2 Gramm pro Kilo Körpergewicht, bei Sportlern bei bis zu 1,5 Gramm. Die im Eiweiß enthaltenen Aminosäuren sind wichtig für den Aufbau und Erhalt der Zellen, Knochen, Muskeln sowie von Haut und Nägeln. Wichtig ist es, den Fettgehalt zu beachten. Außerdem sollte man zu Bio-Produkten greifen oder Fleisch beim Metzger kaufen, denn nur so versorgt man sich mit wertvollen Aminosäuren und Omega-3-Fettsäuren. Besonders viel Eiweiß steckt in fettarmen Fleischsorten wie Schweine-, Rinder- oder Lammfilet sowie in den Bruststücken von Pute und Hähnchen.

PUTENSCHNITZEL MIT CHAMPIGNONS

Zutaten für 4 Portionen

*200 g Champignons, 1 Stange Lauch,
2 Knoblauchzehen, 1 Bund Petersilie,
4 dünne Putenschnitzel (à ca. 150 g),
frisch gemahlener Pfeffer, Öl, Salz,
50 ml trockener Weißwein, 300 ml Sojacreme*

Zubereitungszeit *ca. 45 Min.*

Nährwertangaben

pro Portion: 530 kcal,
46 g Eiweiß, 35 g Fett,
7 g Kohlenhydrate

1. Champignons putzen und in Scheiben schneiden. Lauch putzen, waschen und in Ringe schneiden. Knoblauch schälen und fein hacken. Petersilie waschen, trocken schütteln und Blätter abzupfen.

2. Putenschnitzel trocken tupfen, mit Pfeffer würzen und in einer Pfanne mit heißem Öl von jeder Seite kräftig anbraten. Aus der Pfanne nehmen, mit Salz würzen, in Alufolie einschlagen und warm stellen.

3. Champignons, Lauch und Knoblauch ca. 5–8 Minuten in etwas Öl dünsten. Mit Weißwein ablöschen. Sojacreme zugeben und zu einer cremigen Soße einkochen lassen. Mit Salz und Pfeffer abschmecken. Putenschnitzel in die Soße geben, kurz erwärmen und mit Petersilie bestreut servieren.

HÄHNCHENBRUST, GEFÜLLT MIT FETA

Zutaten für 2 Portionen

3 Stängel Petersilie, 300 g Zucchini,
50 g in Öl eingelegte getrocknete Tomaten (Abtropfgewicht),
100 g Feta, 2 Hähnchenbrustfilets (à 200 g),
frisch gemahlener Pfeffer, 4 EL Öl, Salz

Zubereitungszeit *ca. 40 Min.*

Nährwertangaben

pro Portion: 593 kcal,
67 g Eiweiß, 33 g Fett,
9 g Kohlenhydrate

1. Petersilie waschen, trocken schütteln, Blättchen abzupfen und grob hacken. Einige Blättchen für die Garnitur beiseitestellen. Zucchini putzen, längs halbieren und in ca. 1 Zentimeter dicke Scheiben schneiden. Tomaten in kleine Stücke schneiden. Feta in dünne Scheiben schneiden.

2. Hähnchenbrustfilets trocken tupfen. Mit einem scharfen Messer waagerecht einschneiden, sodass jeweils eine Tasche entsteht. Mit Petersilie, Tomaten und Feta füllen und mit Pfeffer würzen. Mit Holzspießchen gut verschließen.

3. 2 Esslöffel Öl in einer Pfanne erhitzen und Hähnchenbrustfilets darin von jeder Seite goldbraun anbraten. Mit Salz würzen und warm stellen. Restliches Öl in den Bratsatz geben und Zucchini bei starker Hitze darin hellbraun anbraten. Salzen und pfeffern.

4. Zucchini in der Pfanne etwas zur Seite schieben und Hähnchen zugeben. Zugedeckt bei mittlerer Hitze ca. 5 Minuten garen. Gefüllte Hähnchenbrust mit Zucchini auf Tellern anrichten und mit Petersilie bestreut servieren.

WÜRZIGES PUTENGULASCH

Zutaten für 4 Portionen

5 kleine Zwiebeln, 2 EL Öl, 650 g Putengulasch aus der Keule, Salz, frisch gemahlener Pfeffer,
½ EL rosenscharfes Paprikapulver, 2 EL edelsüßes Paprikapulver, 2 Knoblauchzehen,
abgeriebene Schale von 1 unbehandelten Zitrone,
1 TL gemahlener Kümmel

Zubereitungszeit *ca. 1 Std.*

Nährwertangaben

pro Portion: 479 kcal,
45 g Eiweiß, 32 g Fett,
4 g Kohlenhydrate

1. Zwiebel schälen und in feine Streifen schneiden. 1 Esslöffel Öl in eine Schüssel geben und Putenfleisch darin wenden. Mit Salz und Pfeffer würzen. Restliches Öl in einem großen Topf erhitzen und Zwiebeln darin andünsten. Putenfleisch zugeben und unter gelegentlichem Rühren ca. 10 Minuten dünsten. Paprikapulver zugeben und umrühren.

2. Ca. 400–500 Milliliter Wasser zugießen, bis das Putenfleisch bedeckt ist. Zugedeckt bei mittlerer Hitze ca. 35 Minuten schmoren lassen. Knoblauch schälen und fein hacken. Am Ende der Garzeit Knoblauch und Zitronenschale zufügen, mit Salz, Pfeffer und Kümmel kräftig abschmecken und Flüssigkeit bei offenem Deckel etwas einreduzieren lassen. Putengulasch heiß servieren.

OFENHÄHNCHEN MIT BLUMENKOHL

Zutaten für 2 Portionen

1 rote Chilischote, 1 Zitrone,
4 EL Öl und etwas Öl für das Backblech,
2 Hähnchenkeulen, 1 kleiner Blumenkohl,
3 Tomaten, Salz, frisch gemahlener Pfeffer

Zubereitungszeit *ca. 1 Std.*

Nährwertangaben

pro Portion: 866 kcal,
79 g Eiweiß, 56 g Fett,
11 g Kohlenhydrate

1. Backofen auf 200 °C (Umluft 180 °C) vorheizen. Chilischote waschen, halbieren, Kerne herausschneiden und Chilischote in feine Streifen schneiden. Zitrone auspressen. Chili, Zitronensaft und Öl mischen. Hähnchenkeulen trocken tupfen und mit der Marinade bestreichen.

2. Blumenkohl waschen und in ca. 1 Zentimeter dicke Scheiben schneiden. Tomaten waschen, halbieren und vom Stielansatz befreien. Backblech mit Öl einfetten und etwas Salz daraufstreuen.

3. Blumenkohlscheiben und Tomaten mit der Schnittfläche nach unten auf das Backblech legen. Hähnchenkeulen dazulegen, mit Salz würzen und mit restlicher Marinade bestreichen. Im vorgeheizten Backofen auf der mittleren Schiene ca. 45 Minuten braten.

4. Backblech vorsichtig aus dem Ofen nehmen. Tomaten enthäuten und Fruchtfleisch mit einer Gabel fein zerdrücken. Mit Salz und Pfeffer würzen. Hähnchenkeulen und Blumenkohl auf Tellern anrichten und mit Tomatensoße servieren.

GÄNSEKEULEN MIT SPECK UND ROSENKOHL

Zutaten für 4 Portionen

1 Zwiebel, 1 Lorbeerblatt, 2 Gewürznelken,
1½–2 l Gemüsebrühe, Salz, 4 Gänsekeulen (à 300 g),
Pfefferkörner, 750 g Rosenkohl, 100 g geräucherter Bauchspeck,
20 g Olivenöl, 20 g Butter, frisch gemahlener Pfeffer

Zubereitungszeit *ca. 2 Std. und 40 Min.*

Nährwertangaben
pro Portion: 888 kcal,
77 g Eiweiß, 60 g Fett,
11 g Kohlenhydrate

1. Backofen auf 260 °C (Umluft: 240 °C) vorheizen. Zwiebel schälen. Lorbeerblatt darauflegen und mit Gewürznelken feststecken. In einem tiefen, breiten Topf Gemüsebrühe mit etwas Salz aufkochen.

2. Gänsekeulen, gespickte Zwiebel und Pfefferkörner hineingeben und zugedeckt bei mittlerer Hitze ca. 1½ Stunden unter dem Siedepunkt ziehen lassen. Gänsekeulen mit der Hautseite nach oben auf ein Backblech legen. Ca. 20 Minuten im vorgeheizten Backofen bräunen.

3. Rosenkohl waschen. Zugedeckt in Salzwasser ca. 15–20 Minuten kochen. Über einem Sieb abgießen und abtropfen lassen. Speck in feine Würfel schneiden. Öl und Butter erhitzen und Speck darin knusprig anbraten. Rosenkohl zugeben und kurz mitbraten. Mit Salz und Pfeffer abschmecken. Gänsekeulen mit Rosenkohl und Speck auf Tellern anrichten und servieren.

PUTEN-PILZ-PFANNE MIT TOMATENSOSSE

Zutaten für 1 Portion

*100 g kleine Tomaten, 80 g Champignons,
2 Frühlingszwiebeln, 200 g Putenbrust, 10 ml Kokosöl,
50 ml Milch, Salz, frisch gemahlener Pfeffer*

Zubereitungszeit *ca. 30 Min.*

Nährwertangaben
pro Portion: 683 kcal,
60 g Eiweiß, 44 g Fett,
13 g Kohlenhydrate

1. Tomaten waschen, halbieren und vom Stielansatz befreien. Champignons putzen und vierteln. Frühlingszwiebeln waschen und in dünne Röllchen schneiden. Einige Röllchen für die Garnitur beiseitestellen. Putenbrust trocken tupfen und in mundgerechte Stücke schneiden.

2. Kokosöl in einer Pfanne erhitzen und Putenbrust darin von allen Seiten anbraten. Tomaten und Champignons zugeben und so lange köcheln lassen, bis die Tomaten schön weich sind.

3. Mit Milch ablöschen, kurz aufkochen lassen und Pfanne vom Herd nehmen. Mit Salz und Pfeffer abschmecken. Frühlingszwiebeln untermischen, kurz ziehen lassen und auf einem Teller anrichten. Mit Zwiebelröllchen garniert servieren.

ENTENKEULEN MIT FEIGEN

Zutaten für 4 Portionen

4 Entenkeulen (à 180 g), Salz, frisch gemahlener Pfeffer,
edelsüßes Paprikapulver, 1 Knoblauchzehe, 8 Feigen,
4 Stängel Thymian, 1 Bund Rosmarin, 2 EL Olivenöl,
400 ml Geflügelfond, 2 Zimtstangen,
3 Sternanis, Saft von ½ Limette

Zubereitungszeit *ca. 1 Std. und 30 Min.*

Nährwertangaben
pro Portion: 471 kcal,
49 g Eiweiß, 23 g Fett,
18 g Kohlenhydrate

1. Entenkeulen trocken tupfen. Mit Salz, Pfeffer und Paprikapulver würzen. Knoblauch schälen und halbieren. Feigen waschen, trocken tupfen und vierteln. Thymian und Rosmarin waschen und trocken schütteln. Backofen auf 200 °C (Umluft: 180 °C) vorheizen.

2. Öl in einem Bräter erhitzen und Entenkeulen darin scharf anbraten. Keulen herausnehmen und warm stellen. Knoblauch und Feigen in den Bräter geben und kurz anrösten. Mit Geflügelfond ablöschen. Entenkeulen wieder in den Bräter legen. Zimtstangen, Sternanis, Rosmarin, Thymian und Limettensaft zugeben und ca. 1 Stunde im vorgeheizten Backofen garen. Entenkeulen dabei immer wieder mit dem Fond begießen.

3. Entenkeulen herausnehmen. Soße mit Salz und Pfeffer abschmecken und durch ein feines Sieb passieren. Entenkeulen mit Feigen servieren und Soße dazu reichen.

Low-Carb-Frühstück

Ernährungswissenschaftler messen dem Frühstück eine große Bedeutung zu. Denn wer gut gesättigt den Tag beginnt, hat nicht nur viel Energie für den Rest des Tages, auch rasch einsetzende Heißhungerattacken bleiben aus. Gerade beim Frühstück fällt vielen jedoch die Umstellung auf Low Carb schwer. Doch nach einiger Zeit ist das Frühstücken ohne Müsli, Weißbrot oder -brötchen ein Leichtes. Wichtig ist dabei immer die Abwechslung. Variieren Sie immer wieder – so fällt das Durchhalten leichter.

Fertig zu kaufendes **Eiweißbrot** oder selbst gemachte **Eiweißbrötchen** sind eine gute Alternative zu Weißmehlprodukten. Einfach 5 Eier trennen, Eiweiß steif schlagen. Eigelb mit 200 Gramm Magerquark sowie Salz, Pfeffer und italienischer Kräutermischung nach Geschmack würzen. Eischnee unterheben. Masse in Brötchengröße auf einem gefetteten Blech verteilen und bei 170 °C (Umluft: 150 °C) ca. 25 Minuten backen.

Eier in allen Variationen sind ein Frühstücksklassiker und auch low-carb-geeignet. Eier mit Speck oder Rührei mit Käse sind dabei ebenso sättigend wie Pfannkuchen mit Nussmehl. Auch ein Omelett mit gebratenem Gemüse oder Eier Florentiner Art müssen nicht unbedingt nur etwas für das Mittag- oder Abendessen sein.

Der Klassiker unter den Low-Carb-Frühstücksideen ist **Hüttenkäse**. Ob herzhaft mit Salz und Pfeffer oder süß mit gesunden **Beeren**, liefert er nur wenige Kohlenhydrate, dafür aber viel Eiweiß. Auch mit **Nüssen** lässt er sich beliebig variieren. Und auch Magerquark mit Früchten ist ein eiweißreiches, fettarmes Frühstück, das kaum Kohlenhydrate enthält.

Da nach Low-Carb-Prinzipien vor allem die abends zugeführten Kohlenhydrate den **Fettabbau** hemmen, können all diejenigen, die sich beim Frühstück schwertun, hier schon einmal etwas mehr Kohlenhydrate essen, die sie dann abends wieder einsparen – solange die **Tagesbilanz** stimmt.

Fisch und Meeres-früchte

GARNELEN MIT ZUCCHININUDELN

Zutaten für 4 Portionen

500 g Garnelen (TK-Produkt), 3 unbehandelte Zucchini,
1 kleine Zwiebel, 2 Knoblauchzehen, 400 g Cherrytomaten,
4 EL Olivenöl, Salz, frisch gemahlener Pfeffer,
etwas Weißwein, 20 g Butter, Saft von ½ Zitrone

Zubereitungszeit *ca. 40 Min.*

Nährwertangaben

pro Portion: 321 kcal,
30 g Eiweiß, 17 g Fett,
9 g Kohlenhydrate

1. Garnelen nach Packungsanweisung auftauen lassen. Zucchini waschen und mithilfe eines Spiralschneiders in feine Streifen schneiden. Zwiebel und Knoblauch schälen und fein hacken. Tomaten waschen, halbieren, vom Stielansatz befreien und vierteln.

2. 2 Esslöffel Öl in einer Pfanne erhitzen, Garnelen zugeben und mit Salz und Pfeffer würzen. Garnelen von allen Seiten ca. 2–3 Minuten leicht rosa anbraten. Aus der Pfanne nehmen und beiseitestellen.

3. Zwiebel zugeben und glasig dünsten. Knoblauch zufügen und kurz mitbraten. Mit Weißwein ablöschen und umrühren. Tomaten zufügen und ca. 3–4 Minuten köcheln lassen. Garnelen wieder in die Pfanne geben, Butter und Zitronensaft zugeben und unter Rühren erwärmen.

4. Restliches Olivenöl in einer Pfanne erhitzen. Zucchinistreifen darin ca. 2 Minuten andünsten. Zur Garnelenpfanne geben und alles gut vermengen.

JAKOBSMUSCHELN AUF FENCHELGEMÜSE

Zutaten für 2 Portionen

1 kleine Zwiebel, 1 kleine Petersilienwurzel,
2 TL Pflanzenöl, 2 kleine Fenchelknollen,
Salz, 6 Jakobsmuscheln (küchenfertig),
frisch gemahlener Pfeffer, 50 g Sahne

Zubereitungszeit *ca. 35 Min.*

Nährwertangaben

pro Portion: 297 kcal,
25 g Eiweiß, 13 g Fett,
19 g Kohlenhydrate

1. Zwiebel und Petersilienwurzel schälen und in dünne Scheiben hobeln. 1 Teelöffel Öl erhitzen und Gemüse darin zugedeckt bei mittlerer Hitze ca. 3 Minuten dünsten. Fenchel waschen. Strunk keilförmig herausschneiden, Fenchelgrün beiseitelegen. Fenchel in feine Scheiben hobeln. Fenchelscheiben zum Gemüse geben, 100 Milliliter Wasser zugießen und salzen. Zugedeckt bei mittlerer Hitze ca. 7 Minuten weiterdünsten.

2. Jakobsmuscheln abspülen und trocken tupfen. Restliches Öl erhitzen und Jakobsmuscheln darin bei starker Hitze von beiden Seiten goldbraun anbraten. Mit Salz und Pfeffer würzen. Bei geringer Hitze weitere ca. 2 Minuten braten und Herdplatte ausschalten. Zugedeckt weitere ca. 2 Minuten ziehen lassen.

3. Sahne zur Gemüsemischung gießen, kurz aufkochen und mit Salz und Pfeffer abschmecken. Jakobsmuscheln mit Fenchel-Zwiebel-Gemüse anrichten und mit Fenchelgrün bestreut servieren.

ZANDERFILETS MIT SPINAT

Zutaten für 2 Portionen

20 g Pinienkerne, 400 g Spinat, 2 Zanderfilets mit Haut (à 120 g),
Salz, 30 g Butter, 2 EL Öl, 2 Knoblauchzehen,
abgeriebene Schale von 1 unbehandelten Zitrone,
frisch gemahlener Pfeffer, 1 Prise Xylit

Zubereitungszeit *ca. 25 Min.*

Nährwertangaben

pro Portion: 421 kcal,
35 g Eiweiß, 29 g Fett,
5 g Kohlenhydrate

1. Pinienkerne in einer Pfanne ohne Fettzugabe kurz anrösten, abkühlen lassen und beiseitestellen. Spinat waschen und abtropfen lassen. Zanderfilets auf der Hautseite zwei- bis dreimal schräg einschneiden und mit Salz würzen. Butter mit 1 Teelöffel Öl erhitzen und Spinat darin kurz bei mittlerer Hitze andünsten. Knoblauch schälen, fein hacken und zum Spinat geben. Zitronenschale zufügen und umrühren. Spinat mit Salz, Pfeffer und Xylit abschmecken. Pinienkerne unterheben.

2. Restliches Öl erhitzen und Zanderfilets darin auf der Hautseite anbraten. Nach ca. 3 Minuten wenden und weitere ca. 3 Minuten braten. Von der Herdplatte ziehen und warm halten. Spinat auf zwei Tellern verteilen und jeweils 1 Zanderfilet mit der Hautseite nach oben darauf anrichten.

MIESMUSCHELN MIT LAUCH-GEMÜSE

Zutaten für 4 Portionen

1,5 kg Miesmuscheln, 1 Knoblauchzehe, 2 Zwiebeln, 4 Möhren,
1 Stange Lauch, 1 EL Öl, Salz, frisch gemahlener Pfeffer,
1 Stängel Thymian, 200 ml Gemüsebrühe,
125 ml trockener Weißwein, 2 Pimentkörner, 1 Lorbeerblatt,
2 Stängel Petersilie, 1 unbehandelte Zitrone

Zubereitungszeit *ca. 45 Min.*

Nährwertangaben

pro Portion: 410 kcal,
41 g Eiweiß, 13 g Fett,
25 g Kohlenhydrate

1. Miesmuscheln gründlich unter kaltem Wasser abbürsten, bereits geöffnete Muscheln wegwerfen. Knoblauch, Zwiebeln und Möhren schälen. Möhren und Zwiebeln in kleine Würfel schneiden, Knoblauch fein hacken. Lauch waschen und in Ringe schneiden. Öl erhitzen, Gemüse zufügen und andünsten. Mit Salz und Pfeffer abschmecken. Thymian waschen, trocken schütteln und Blättchen fein hacken.

2. Muscheln zum Gemüse geben. Brühe und Wein zugießen. Thymian, Piment und Lorbeerblatt zugeben und aufkochen lassen. Zugedeckt ca. 10 Minuten köcheln lassen. Petersilie waschen, trocken schütteln und Blättchen abzupfen. Zitrone waschen und vierteln.

3. Noch geschlossene Muscheln wegwerfen. Lorbeerblatt und Piment entfernen. Muscheln mit Muschelsud und Gemüse auf Tellern anrichten und mit Petersilie bestreut servieren. Zitronenviertel dazu reichen.

SESAM-THUNFISCH IM ASIA-STIL

Zutaten für 4 Portionen

6 Frühlingszwiebeln, 20 g Ingwer, 4 Thunfischfilets (à ca. 200 g),
5 EL Teriyakisoße, 4 EL Balsamico, Salz,
frisch gemahlener Pfeffer, 2 EL Öl, 50 g Sesam

Zubereitungszeit *ca. 20 Min. (+ 2 Std. Ruhezeit)*

Nährwertangaben

pro Portion: 683 kcal,
54 g Eiweiß, 47 g Fett,
13 g Kohlenhydrate

1. Frühlingszwiebeln waschen und in dünne Scheiben schneiden. Ingwer schälen und fein hacken. Thunfischfilets abspülen und trocken tupfen. Frühlingszwiebeln und Ingwer mit Teriyakisoße und Balsamico zu einer Marinade vermischen und über die Thunfischfilets träufeln. Abdecken und im Kühlschrank ca. 2 Stunden ziehen lassen. Zwischendurch in der Marinade wenden.

2. Thunfischfilets aus der Marinade nehmen, abtropfen lassen und mit Salz und Pfeffer würzen. Öl in einer Pfanne erhitzen und Filets darin auf jeder Seite ca. 2 Minuten braten. Aus der Pfanne nehmen.

3. Sesam auf einen flachen Teller streuen. Thunfischfilets mit etwas Marinade bestreichen und von allen Seiten im Sesam wenden. Filets wieder in die Pfanne geben und ca. 1–2 Minuten von jeder Seite goldbraun braten. Nach Belieben mit Marinade beträufeln und servieren.

KABELJAUFILETS AUF PAPRIKAGEMÜSE

Zutaten für 2 Portionen

1 Knoblauchzehe, 1 Zwiebel, 2 Paprikaschoten, 250 g Tomaten, 3 EL Öl,
1 TL rosenscharfes Paprikapulver, 1 TL edelsüßes Paprikapulver, Salz, 2 Kabeljaufilets (à 200 g),
frisch gemahlener Pfeffer, 3 Stängel Petersilie

Zubereitungszeit *ca. 45 Min.*

Nährwertangaben

pro Portion: 390 kcal,
44 g Eiweiß, 18 g Fett,
12 g Kohlenhydrate

1. Knoblauch und Zwiebel schälen. Zwiebel längs halbieren und quer in feine Halbringe schneiden. Knoblauch fein hacken. Paprikaschoten waschen, entkernen und in schmale Streifen schneiden. Tomaten waschen, halbieren, vom Stielansatz befreien und würfeln.

2. 2 Esslöffel Öl erhitzen und Zwiebeln darin glasig dünsten. Knoblauch zugeben und kurz anbraten. Paprika zugeben und ca. 2 Minuten braten. Paprikapulver unterrühren, Tomaten untermischen und salzen. Zugedeckt aufkochen und bei mittlerer Hitze ca. 10 Minuten dünsten.

3. Kabeljaufilets abspülen, trocken tupfen und mit Salz und Pfeffer würzen. Restliches Öl in einer Pfanne erhitzen und Kabeljaufilets darin auf jeder Seite ca. 3–4 Minuten braten. Petersilie waschen, trocken schütteln und Blättchen fein hacken. Fischfilets auf dem Gemüse anrichten und mit Petersilie bestreut servieren.

LACHSFILETS MIT BROKKOLI

Zutaten für 2 Portionen

1 kleiner Brokkoli, 5 EL Öl, 150 g Sahne,
Salz, frisch gemahlener Pfeffer,
2 Lachsfilets (à 200 g, küchenfertig),
½ unbehandelte Zitrone, 2 kleine Tomaten

Zubereitungszeit *ca. 35 Min.*

Nährwertangaben

pro Portion: 757 kcal,
45 g Eiweiß, 61 g Fett,
6 g Kohlenhydrate

1. Brokkoli waschen und in Röschen teilen. 3 Esslöffel Öl erhitzen und Brokkoli darin andünsten. 50 Milliliter Wasser und Sahne zugeben, mit Salz und Pfeffer würzen. Zugedeckt
zum Kochen bringen und bei mittlerer Hitze ca. 8 Minuten dünsten.

2. Lachsfilets abspülen, trocken tupfen und mit Salz würzen. Restliches Öl erhitzen und
Lachs darin von jeder Seite ca. 2–3 Minuten goldbraun braten. Zitrone waschen und in
Spalten schneiden. Tomaten waschen, halbieren und vom Stielansatz befreien. Lachs mit
Brokkoli und Sahnesoße anrichten und mit Tomate sowie Zitronenspalten garniert servieren.

EXOTISCHES KOKOS-FISCH-CURRY

Zutaten für 4 Portionen

750 g Fischfilets, Saft von 1 Limette, 3 Knoblauchzehen, 2 rote Zwiebeln, 1 grüne Chilischote,
1 Stück Ingwer (ca. 8 cm), 400 g Tomaten, 1 kleine Mango, 3 EL Öl, 1 EL braune Senfkörner,
1 TL gemahlener Koriander, 1 TL gemahlener Kreuzkümmel, 1 TL Kurkuma,
1 EL scharfes Currypulver, 200 ml Kokosmilch, Salz, 2 Stängel Minze

Zubereitungszeit *ca. 45 Min.*

Nährwertangaben

pro Portion: 353 kcal,
85 g Eiweiß, 23 g Fett,
36 g Kohlenhydrate

1. Fischfilets abspülen und trocken tupfen. In ca. 3 Zentimeter große Stücke schneiden. Limettensaft darüberträufeln und kalt stellen. Knoblauch und Zwiebeln schälen und fein hacken. Chilischote waschen, halbieren, die Kerne herausschneiden und Chilischote in feine Streifen schneiden. Ingwer schälen und fein hacken. Tomaten waschen, halbieren, vom Stielansatz befreien und würfeln. Mango schälen, entkernen und Fruchtfleisch würfeln.

2. Öl in einem Topf erhitzen, Senfkörner zugeben und so lange erhitzen, bis sie leicht aufplatzen. Knoblauch, Zwiebeln, Chili und Ingwer zufügen und unter Rühren ca. 1 Minute braten. Koriander, Kreuzkümmel, Kurkuma und Currypulver zugeben, umrühren und kurz andünsten lassen. Kokosmilch zugießen. Tomaten zur Soße geben, alles zum Kochen bringen und bei mittlerer Hitze ca. 4 Minuten köcheln.

3. Fisch mit Salz würzen und zu den anderen Zutaten in den Topf geben. Zugedeckt bei mittlerer Hitze ca. 4–6 Minuten garen. Minze waschen, trocken schütteln, Blättchen abzupfen und fein schneiden. Curry mit Mango sowie Tomaten und Soße anrichten und mit Minze garniert servieren.

DORADEN MIT FENCHEL UND TOMATEN

Zutaten für 2 Portionen

400 g Fenchel, 300 g Kirschtomaten, 2 Knoblauchzehen, 6 Stängel Thymian, 6 TL Olivenöl, Salz, frisch gemahlener Pfeffer, 2 Doraden (à ca. 270 g, küchenfertig)

Zubereitungszeit *ca. 35 Min.*

Nährwertangaben
pro Portion: 610 kcal,
63 g Eiweiß, 34 g Fett,
11 g Kohlenhydrate

1. Fenchel waschen und Strunk keilförmig herausschneiden. Fenchelgrün beiseitestellen. Fenchel in ca. 1 Zentimeter dicke Scheiben hobeln. Tomaten waschen und vom Stielansatz befreien. Knoblauch schälen und fein hacken. Thymian waschen, trocken schütteln und Blättchen abzupfen. Knoblauch und Thymian vermischen.

2. Backofen auf 225 °C (Umluft: 205 °C) vorheizen. Backblech mit 1 Teelöffel Öl ausstreichen. Fenchel und Tomaten auf dem Backblech verteilen. Mit Salz und Pfeffer würzen und mit 4 Teelöffeln Öl beträufeln.

3. Fisch abspülen und trocken tupfen. Haut von beiden Seiten mehrmals schräg einschneiden. Mit restlichem Öl einreiben, salzen und pfeffern und mit Knoblauch-Thymian-Mischung bestreuen. Doraden zum Gemüse auf das Backblech legen und im vorgeheizten Backofen ca. 20 Minuten garen. Doraden mit Fenchelgemüse anrichten und mit Fenchelgrün garnieren.

Vorteile und Empfehlungen

Fisch versorgt den Körper mit wertvollen Omega-3-Fettsäuren, Eiweiß, Vitaminen, Jod und weiteren wichtigen Mineralien. Besonders viel Eiweiß enthalten u. a. Thunfisch, Rotbarsch, Heilbutt, Forelle, Lachs und Garnelen. Fisch und Meeresfrüchte enthalten wichtige Aminosäuren, die z. B. für die körperliche Leistungsfähigkeit, die Herzfunktion, die Stimmung und das Immunsystem wichtig sind. Im Sinne einer ausgewogenen Ernährung sollte Fisch daher mindestens dreimal wöchentlich auf dem Speiseplan stehen. Meeresfrüchte sollte man ein- bis zweimal pro Woche essen.

Fisch und Meeresfrüchte

Wer in seiner Ernährung Kohlenhydrate reduziert, sollte besonders darauf achten, wertvolle, leicht verdauliche Eiweiße zu sich zu nehmen. Fisch und Meeresfrüchte sind dafür hervorragend geeignet. Ob frisch, tiefgekühlt, aus der Konserve oder geräuchert – Hering, Lachs, Kabeljau und Co. aus nachhaltigem Fischfang sind leicht und gesund und unterstützen stets eine gesunde Ernährung. Auch wer ein paar Pfunde zu viel auf die Waage bringt, sollte des Öfteren Fisch essen, denn die enthaltenen Nährstoffe und Mineralien wie z. B. sättigendes Eiweiß oder für den Stoffwechsel wichtiges Jod beschleunigen das Abnehmen. Wird er gekocht oder gedämpft serviert und nicht mariniert, paniert oder frittiert, ist Fisch vollkommen kohlenhydratfrei. Er sollte jedoch möglichst leicht und kurz gebraten werden, damit das wertvolle Eiweiß bei der Zubereitung erhalten bleibt. Auch Meeresfrüchte sind weitestgehend frei von Kohlenhydraten. Einen gewissen – mit weniger als 5 Gramm Kohlenhydraten pro 100 Gramm jedoch geringen – Kohlenhydratgehalt haben Krabben, Austern und Langusten.

FISCHKÜCHLEIN „THAI-STYLE"

Zutaten für 4 Portionen

*1 Handvoll Koriander, 1 Stängel Dill, 1 Chilischote, 2 Knoblauchzehen,
1 Stück Ingwer (ca. 4 cm), 4 Frühlingszwiebeln, 2 unbehandelte Zitronen,
450 g Fischfilets (z. B. Schellfisch, Kabeljau), 1 Ei, 2 EL Fischsoße,
1 EL rote Currypaste, 4 EL Öl, süß-scharfe Chilisoße*

Zubereitungszeit *ca. 35 Min.*

Nährwertangaben
pro Portion: 275 kcal,
27 g Eiweiß, 15 g Fett,
7 g Kohlenhydrate

1. Koriander waschen, trocken schütteln und Blättchen von den Stielen zupfen. Einige Blättchen für die Garnitur beiseitelegen. Restlichen Koriander grob hacken. Dill waschen, trocken schütteln und Fähnchen grob hacken. Chilischote waschen, halbieren, Kerne herausschneiden und Chilischote in feine Streifen schneiden. Knoblauch und Ingwer schälen und fein hacken. Frühlingszwiebeln waschen und in dünne Röllchen schneiden. Zitronen waschen und trocken tupfen. 1 Zitrone in Scheiben schneiden. Von der anderen Zitrone Schale abraspeln.

2. Fischfilets in der Küchenmaschine zu einer glatten Masse zerkleinern. Koriander, Chili, Knoblauch, Ingwer, Zitronenschale und Ei sowie Fischsoße und Currypaste zufügen und nochmals mit der Küchenmaschine gut durchmixen. Frühlingszwiebeln unterheben.

3. Mit angefeuchteten Händen zu Bällchen rollen und Küchlein daraus formen. Öl erhitzen und Fischküchlein darin von jeder Seite ca. 4 Minuten knusprig braten. Auf Küchenpapier abtropfen lassen. Fischküchlein mit Zitronenscheiben auf Tellern anrichten, mit Koriander und Dill garnieren und Chilisoße zum Dippen dazu reichen.

FISCH UND GARNELEN MIT TOMATENSOSSE

Zutaten für 4 Portionen

*2 Sardellenfilets, 200 g Garnelen (küchenfertig, TK-Produkt), 1 Knoblauchzehe,
1 Zwiebel, 3 EL Öl, 1 EL Tomatenmark, 1 Dose Tomaten (à 850 ml), Salz,
frisch gemahlener Pfeffer, 1 EL entsteinte schwarze Oliven,
500 g Fischfilets (küchenfertig), ½ Bund Basilikum, 2 TL Kapern*

Zubereitungszeit *ca. 1 Std.*

Nährwertangaben

pro Portion: 279 kcal,
39 g Eiweiß, 11 g Fett,
6 g Kohlenhydrate

1. Sardellenfilets abspülen, trocken tupfen und fein hacken. Garnelen auftauen und abtropfen lassen. Knoblauch und Zwiebel schälen und fein hacken. 1 Esslöffel Öl erhitzen. Zwiebel, Knoblauch und Sardellen darin andünsten. Tomatenmark zugeben und kurz mitkochen, Tomaten samt Saft zugeben, grob zerkleinern und zum Kochen bringen. Mit Salz und Pfeffer würzen. Bei mittlerer Hitze ca. 15 Minuten köcheln.

2. Fisch abspülen, trocken tupfen und würfeln. Salzen und pfeffern. Oliven in Scheiben schneiden. Basilikum waschen, trocken schütteln, Blätter abzupfen und fein hacken. Basilikum, Oliven und Kapern mit Tomatensoße verrühren und mit Salz und Pfeffer abschmecken. Fisch zugeben und zugedeckt bei geringer Hitze ca. 6–8 Minuten garen. Garnelen in restlichem Öl ca. 2–3 Minuten braten. Salzen und pfeffern. In die Soße geben und kurz erwärmen.

GEFÜLLTE LACHSFORELLEN

Zutaten für 4 Portionen

1 Knoblauchzehe, 1 Stück Ingwer (ca. 4 cm), 4 Schalotten, 3 Tomaten, 200 g Champignons,
1 kg Blattspinat, 2 EL Öl, Salz, frisch gemahlener Pfeffer, etwas frisch geriebener Muskat,
1 Bund Petersilie, Saft und Schale von 1 unbehandelten Zitrone,
2 kleine Lachsforellen (à ca. 600 g, küchenfertig)

Zubereitungszeit *ca. 1 Std.*

Nährwertangaben
pro Portion: 422 kcal,
74 g Eiweiß, 10 g Fett,
6 g Kohlenhydrate

1. Knoblauch, Ingwer und Schalotten schälen. 2 Schalotten achteln, restliche würfeln. Knoblauch und Ingwer fein hacken. Tomaten waschen, halbieren, vom Stielansatz befreien und würfeln. Champignons putzen. Die Hälfte in Scheiben, die andere in kleine Würfel schneiden. Spinat waschen und über einem Sieb abtropfen lassen. Öl in einem Topf erhitzen. Geachtelte Schalotten, Knoblauch, Ingwer und in Scheiben geschnittene Champignons darin kurz andünsten. Herausnehmen. Spinat zugeben und unter Rühren so lange andünsten, bis die Blätter zusammenfallen. Mit Salz, Pfeffer und Muskat abschmecken. Tomaten unterheben und Topf vom Herd nehmen.

2. Petersilie waschen, trocken schütteln und Blättchen fein hacken. Mit gewürfelten Champignons, gewürfelten Schalotten, Zitronenschale und -saft vermengen. Fisch abspülen und trocken tupfen. Innen und außen mit Salz und Pfeffer würzen. Mit Champignon-Schalotten-Mischung füllen und mit Holzspießchen verschließen. Backofen auf 200 °C (Umluft: 180 °C) vorheizen. Spinat-Tomaten-Mischung in einer Auflaufform verteilen. Lachsforellen darauflegen. Ist noch Füllung übrig, diese rund um den Fisch verteilen. Im vorgeheizten Backofen ca. 20 Minuten garen, mit Backpapier abdecken und ca. 15 Minuten fertig garen.

SEEZUNGE MIT CHAMPIGNONS

Zutaten für 1 Portion

300 g Champignons, 1 Zwiebel, 1 Knoblauchzehe,
1 TL Schale von 1 unbehandelten Zitrone,
2 EL Zitronensaft, 2 EL grob gehackte Petersilie,
Salz, frisch gemahlener Pfeffer,
170 g Seezungenfilet, 1 TL Öl

Zubereitungszeit *ca. 30 Min.*

Nährwertangaben

pro Portion: 284 kcal,
45 g Eiweiß, 8 g Fett,
8 g Kohlenhydrate

1. Backofen auf 180 °C (Umluft: 160 °C) vorheizen. Champignons putzen und grob würfeln. Zwiebel und Knoblauch schälen und fein hacken. Champignons, Zwiebel und Knoblauch mit Zitronenschale und -saft sowie 1 Esslöffel Petersilie vermischen und mit Salz und Pfeffer würzen. In eine ofenfeste Form geben, mit Alufolie bedecken und dicht verschließen. Im vorgeheizten Backofen ca. 20 Minuten garen.

2. Fischfilet abspülen und trocken tupfen. Mit Salz und Pfeffer würzen. Ein Stück Alufolie mit Öl bestreichen, Fischfilet darauflegen und Folie gut verschließen. Ca. 12 Minuten vor Ende der Garzeit der Zitronen-Champignons Fischfilet im Backofen mitgaren. Alles aus dem Ofen nehmen, Folie entfernen und Seezunge mit Zitronen-Champignons auf einem Teller anrichten. Mit Petersilie bestreut servieren.

LACHSFILET MIT ROSENKOHL

Zutaten für 1 Portion

250 g Rosenkohl, 1 Knoblauchzehe, 100 ml Öl,
Salz, frisch gemahlener Pfeffer, 1 TL italienische Kräuter,
150 g Lachsfilet, 50 ml weißer Balsamico, getrocknete Tomaten

Zubereitungszeit *ca. 45 Min.*

Nährwertangaben

pro Portion: 1229 kcal,
42 g Eiweiß, 111 g Fett,
19 g Kohlenhydrate

1. Backofen auf 200 °C (Umluft: 180 °C) vorheizen. Rosenkohl waschen und trocken tupfen. Knoblauch schälen und fein hacken. Knoblauch mit Öl vermischen und mit Salz, Pfeffer und Kräutern würzen.

2. Rosenkohl in einer ofenfesten Form verteilen und Hälfte der Kräuter-Öl-Mischung darauf verteilen. Im vorgeheizten Backofen ca. 15 Minuten garen, dabei den Rosenkohl ab und zu wenden.

3. Lachsfilet abspülen und trocken tupfen. Lachs zum Rosenkohl in die Form legen und mit restlicher Kräuter-Öl-Mischung und Balsamico beträufeln. Ca. 10 Minuten weitergaren, getrocknete Tomaten zugeben und nochmals ca. 5–10 Minuten garen.

SCHOLLENRÖLLCHEN MIT SPITZKOHL

Zutaten für 2 Portionen

*3 Stängel Petersilie, ½ Bund Schnittlauch, 3 Stängel Dill, 100 g kernlose Weintrauben,
325 g Spitzkohl, 1 Zwiebel, 8 Schollenfilets ohne Haut (à 40 g), 1 EL Öl, Salz,
frisch gemahlener Pfeffer, etwas frisch geriebener Muskat, 100 ml Weißwein, 5 EL Sojacreme*

Zubereitungszeit *ca. 40 Min.*

Nährwertangaben

pro Portion: 429 kcal,
24 g Eiweiß, 13 g Fett,
42 g Kohlenhydrate

1. Petersilie, Schnittlauch und Dill waschen und trocken schütteln. Petersilienblättchen abzupfen und fein hacken. Schnittlauch in Röllchen schneiden. Dillfähnchen fein hacken. Weintrauben waschen, trocken tupfen und halbieren. Spitzkohl waschen, Zwiebel schälen. Spitzkohl und Zwiebel in feine Streifen schneiden.

2. Schollenfilets abspülen und trocken tupfen. Mit der grauen Seite nach oben auf die Arbeitsfläche legen, mit Kräutern bestreuen, zum spitzen Ende hin aufrollen und mit Holzspießchen feststecken.

3. Öl in einer Pfanne erhitzen und Zwiebel darin glasig dünsten. Spitzkohl zugeben und ca. 2–3 Minuten unter Rühren dünsten. Mit Salz, Pfeffer und Muskat abschmecken. Trauben zugeben und Wein zugießen.

4. Schollenröllchen mit Salz würzen und zum Gemüse geben. Zugedeckt bei mittlerer Hitze ca. 7–8 Minuten garen. Sojacreme unterrühren und weitere ca. 1–2 Minuten köcheln. Mit Salz und Pfeffer abschmecken und sofort servieren.

Low-Carb-Getränke

Wichtig für die Gesundheit ist es, ausreichend zu trinken. Ernährungswissenschaftler empfehlen dabei eine tägliche Flüssigkeitsmenge von 1,5 Litern. Dies regt die Fettverbrennung an und hilft dabei, Giftstoffe aus dem Körper abzutransportieren. Viele im Handel erhältliche Getränke enthalten jedoch viel Zucker und sind damit nicht gerade low-carb-geeignet. Es gibt jedoch so viele Alternativen, dass es auch hier nicht langweilig wird. Als Faustregel gilt: Bei über 1 Gramm Kohlenhydraten pro 100 Millilitern sollte man nur ausnahmsweise in geringen Mengen zugreifen.

Ideal sind **stilles Mineralwasser** und ungesüßte **Kräutertees**. Aber auch zuckerfreie bzw. ungesüßte Getränke kommen infrage. Hier empfiehlt sich ein Blick auf die Nährwertangaben, um versteckte Kohlenhydrate ausfindig zu machen. Selbst, wenn entsprechende Getränke mit „light" gekennzeichnet sind, heißt dies nicht, dass die Getränke frei von Kohlenhydraten sind!

Vegetarisch

MIT EIERN GEFÜLLTE TOMATEN

Zutaten für 2 Portionen

½ Bund Schnittlauch, 4 große Tomaten,
Salz, frisch gemahlener Pfeffer,
1 EL Olivenöl und etwas Fett für die Form,
4 TL Basilikumpesto, 4 Eier

Zubereitungszeit *ca. 40 Min.*

Nährwertangaben
pro Portion: 306 kcal,
15 g Eiweiß, 22 g Fett,
12 g Kohlenhydrate

1. Backofen auf 200 °C (Umluft: 180 °C) vorheizen. Schnittlauch waschen, trocken schütteln und in Röllchen schneiden. Tomaten waschen und jeweils den Deckel abschneiden. Mithilfe eines Teelöffels Tomaten aushöhlen und Fruchtfleisch in einer Schüssel auffangen. Mit Salz, Pfeffer und Olivenöl mischen.

2. Tomaten mit Deckel in eine gefettete Auflaufform setzen und im vorgeheizten Backofen ca. 3 Minuten garen. Aus dem Ofen nehmen und mit Salz und Pfeffer würzen. Innen mit je 1 Teelöffel Basilikumpesto ausstreichen.

3. Tomaten aus der Form nehmen. Tomatenfruchtfleisch-Mischung in der Auflaufform verteilen und Tomaten daraufsetzen. Eier aufschlagen und jeweils 1 Ei vorsichtig in je 1 Tomate gleiten lassen. Mit Salz würzen. Im vorgeheizten Backofen weitere ca. 15–20 Minuten garen, bis die Eier gestockt sind. Gefüllte Tomaten mit Schnittlauchröllchen bestreut servieren.

FLAMMKUCHEN MIT BLUMENKOHLBODEN

Zutaten für 1 Flammkuchen

*250 g Blumenkohl, 2 Eier, 200 g geriebener Käse,
Salz, 1 Zwiebel, 1 Frühlingszwiebel,
1 rote Paprikaschote, 200 g Crème fraîche,
frisch gemahlener Pfeffer*

Zubereitungszeit *ca. 1 Std.*

Nährwertangaben

pro Kuchen: 1618 kcal,
80 g Eiweiß, 127 g Fett,
36 g Kohlenhydrate

1. Backofen auf 180 °C (Umluft: 160 °C) vorheizen. Blumenkohl waschen und in Röschen teilen. Röschen mit der Küchenmaschine oder mit einem großen Messer zerkleinern, bis sie die Größe von Reiskörnern haben. Blumenkohlmasse mit Eiern und 150 Gramm Käse vermischen. Mit Salz würzen. Ein rundes Blech mit Backpapier auslegen und Teig darauf verteilen. Im vorgeheizten Backofen ca. 25 Minuten backen.

2. Zwiebel schälen und in feine Ringe schneiden. Frühlingszwiebel waschen und in dünne Röllchen schneiden. Paprikaschote waschen, entkernen und in feine Streifen schneiden. Crème fraîche mit restlichem Käse vermengen und mit Salz und Pfeffer abschmecken.

3. Vorgebackenen Boden mit Crème-fraîche-Käse-Mischung bestreichen und mit Zwiebel, Frühlingszwiebel und Paprika belegen. Im vorgeheizten Backofen weitere ca. 15 Minuten backen.

QUICHE MIT TOMATEN UND ZWIEBELN

Zutaten für 1 Springform (28 cm Durchmesser)

125 g Mandeln (gemahlen), 125 g Vollkorndinkelmehl, 250 g Magerquark, 100 ml Olivenöl, 2 EL Rosmarin, Salz, 1 Glas in Öl eingelegte getrocknete Tomaten (à 200 g), 2 Zwiebeln, 1 Knoblauchzehe, 4 Eier, 200 g Crème fraîche, 200 g geriebener Käse, frisch gemahlener Pfeffer

Zubereitungszeit *ca. 1 Std.*

Nährwertangaben
pro Quiche: 4149 kcal,
168 g Eiweiß, 311 g Fett,
146 g Kohlenhydrate

1. Backofen auf 200 °C (Umluft: 180 °C) vorheizen. Gemahlene Mandeln, Vollkorndinkelmehl, Quark, Olivenöl, 1 Esslöffel Rosmarin und 1 Teelöffel Salz zu einem Teig verkneten. Eine Springform mit Backpapier belegen. Teig in die Springform füllen und im vorgeheizten Backofen ca. 15 Minuten backen.

2. Tomaten über einem Sieb abtropfen lassen und in kleine Würfel schneiden. Zwiebeln und Knoblauch schälen und fein hacken. Eier, Crème fraîche, Käse und restlichen Rosmarin verschlagen und mit Salz und Pfeffer würzen.

3. Zwiebeln, Knoblauch und Tomaten auf dem vorgebackenen Boden verteilen. Eier-Crème-fraîche-Käse-Mischung vorsichtig darübergießen und Quiche weitere ca. 25 Minuten backen.

SPARGEL-FRITTATA

Zutaten für 4 Portionen

*1 kg grüner Spargel, Salz, 2 EL Butter und etwas Butter für die Form,
1 Zwiebel, frisch gemahlener Pfeffer, 8 Eier, 200 ml Milch,
250 g Sahne, 2 EL Crème fraîche, 2 EL gehackter Kerbel,
2 EL gehackte Petersilie, etwas frisch geriebener Muskat*

Zubereitungszeit *ca. 1 Std. und 15 Min.*

Nährwertangaben
pro Portion: 676 kcal,
29 g Eiweiß, 54 g Fett,
14 g Kohlenhydrate

1. Vom Spargel holziges Ende abschneiden, Spargel waschen und unteres Drittel schälen. Schräg in ca. 3–4 Zentimeter lange Stücke schneiden. Ausreichend Salzwasser zum Kochen bringen, Spargel hineingeben und ca. 5 Minuten bei mittlerer Hitze kochen lassen. Über einem Sieb abtropfen lassen. Backofen auf 180 °C (Umluft: 160 °C) vorheizen. Auflaufform mit Butter ausstreichen.

2. Zwiebel schälen und fein hacken. 2 Esslöffel Butter in einer Pfanne schmelzen und Zwiebel darin glasig dünsten. Spargel mit Zwiebel mischen und in die Auflaufform füllen. Mit Salz und Pfeffer würzen.

3. Eier mit Milch, Sahne und Crème fraîche verschlagen, Kerbel und Petersilie zufügen und mit Salz, Pfeffer und Muskat abschmecken. Über die Spargel-Zwiebel-Mischung gießen und im vorgeheizten Backofen ca. 30–40 Minuten stocken lassen. Vor dem Servieren in Stücke schneiden.

WOKGEMÜSE MIT SESAM-TOFU

Zutaten für 4 Portionen

*40 g Ingwer, 1 Knoblauchzehe, 300 g Tofu, 8 EL Sojasoße, 200 g Zuckerschoten,
2 Bund Frühlingszwiebeln, 1 Chilischote, 6 EL Öl, 125 ml Gemüsebrühe,
300 g Erbsen (TK-Produkt), 1 Ei, 1 Prise Salz, 1–2 EL Sesam, 1 EL Sesamöl*

Zubereitungszeit *ca. 45 Min.*

Nährwertangaben

pro Portion: 492 kcal,
25 g Eiweiß, 32 g Fett,
22 g Kohlenhydrate

1. Ingwer und Knoblauch schälen und fein hacken. Tofu in kleine Würfel schneiden. Knoblauch und die Hälfte des Ingwers mit 4 Esslöffeln Sojasoße verrühren. Tofuwürfel damit beträufeln.

2. Zuckerschoten waschen und halbieren. Frühlingszwiebeln waschen und in dünne Röllchen schneiden. Chilischote waschen, halbieren, Kerne herausschneiden und Chilischote in feine Streifen schneiden.

3. 3 Esslöffel Öl in einem Wok erhitzen. Frühlingszwiebeln, Chili und restlichen Ingwer darin anbraten. Zuckerschoten zugeben und unter Rühren ca. 4 Minuten garen. Restliche Sojasoße und Gemüsebrühe zugießen. Erbsen zugeben und zugedeckt ca. 5 Minuten garen.

4. Tofu über einem Sieb abtropfen lassen. Ei mit Salz verschlagen. Tofu in der Eimasse wenden und mit Sesam bestreuen. Restliches Öl in einer Pfanne erhitzen und Tofu darin goldbraun anbraten. Gemüse mit Sesamöl abschmecken und auf Tellern anrichten. Tofu darauf verteilen und servieren.

GEBACKENE STECKRÜBENBRATLINGE

Zutaten für 1 Portion

150 g Steckrüben, etwas Gemüsebrühe, 1 EL Sojasoße,
1 EL Tomatenmark, etwas Brotgewürzmischung,
100 g körniger Frischkäse, 1 EL Sojamehl

Zubereitungszeit *ca. 35 Min.*

Nährwertangaben
pro Portion: 195 kcal,
20 g Eiweiß, 7 g Fett,
14 g Kohlenhydrate

1. Steckrüben schälen und in kleine Würfel schneiden. Mit Gemüsebrühe, Sojasoße, Tomatenmark und Brotgewürzmischung vermengen. Backofen auf 200 °C (Umluft: 180 °C) vorheizen. 70 Gramm Frischkäse mit Sojamehl pürieren und mit Steckrübenmasse und dem restlichen Frischkäse vermengen.

2. Mit angefeuchteten Händen zu Bratlingen formen und auf ein mit Backpapier belegtes Backblech legen. Im vorgeheizten Backofen ca. 7–8 Minuten backen. Temperatur auf 180 °C (Umluft: 160 °C) verringern und ca. 8–12 Minuten fertig backen.

GEMÜSEGRATIN MIT MOZZARELLA

Zutaten für 2 Portionen

2 Zucchini, 3 EL Öl und etwas Öl für die Form, Salz, frisch gemahlener Pfeffer, 2 Stangen Lauch, 2 grüne Paprikaschoten, 2 Knoblauchzehen, 2 Stängel Oregano, ½ Bund Dill, 3 Kugeln Mozzarella (à 125 g), 150 g geriebener Parmesan, ½ Bund Schnittlauch, 1 Frühlingszwiebel

Zubereitungszeit *ca. 1 Std.*

Nährwertangaben
pro Portion: 1216 kcal, 68 g Eiweiß, 92 g Fett, 28 g Kohlenhydrate

1. Zucchini waschen und in Scheiben schneiden. 2 Esslöffel Öl in einer Pfanne erhitzen und Zucchini darin von beiden Seiten goldbraun anbraten. Salzen, pfeffern und aus der Pfanne nehmen. Lauch waschen und in Ringe schneiden. Paprikaschoten waschen und in Streifen schneiden. Knoblauch schälen und fein hacken. Oregano waschen, trocken schütteln und Blättchen fein hacken. Dill waschen, trocken schütteln und Fähnchen fein hacken. Lauch, Paprika und Knoblauch im restlichen Öl kurz andünsten. Mit Salz und Pfeffer abschmecken. Pfanne vom Herd nehmen, Oregano und Dill untermischen.

2. Backofen auf 120°C (Umluft: 100 °C) vorheizen. Mozzarella über einem Sieb abtropfen lassen. Auflaufform mit Öl ausstreichen. Mozzarella in Scheiben schneiden. Boden der Form mit Zucchinischeiben bedecken, Lauch-Paprika-Gemüse darauf verteilen, mit Mozzarella belegen und Parmesan daraufstreuen. So fortfahren, bis alle Zutaten verteilt sind. Die oberste Schicht besteht aus Mozzarella und Parmesan.

3. Im vorgeheizten Backofen ca. 25 Minuten goldbraun backen. Schnittlauch und Frühlingszwiebel waschen, trocken schütteln und in Ringe schneiden und Gratin damit garnieren.

Vorteile

Milch und Milchprodukte enthalten Eiweiß, Vitamine und Mineralstoffe, die für eine gesunde Ernährung wichtig sind, z. B. Vitamin A, C, D, E, K und B-Vitamine sowie Kalzium, Eisen, Magnesium und Zink. Diese erfüllen im Körper wichtige Funktionen und sind teilweise auch zum Abnehmen wichtig. So kurbeln z. B. Eiweiß und Kalzium aus Milch die Fettverbrennung an. Käse und Quark sind zudem echte Sattmacher. Achten Sie jedoch stets auf eine gute Qualität und wählen Sie möglichst Bio-Produkte, um in den größtmöglichen Genuss der gesundheitlichen Wirkungen von Milch- und Milchprodukten zu kommen. Sojamilch und Tofu sind gute Alternativen. Sie enthalten wenig Fett und Kohlenhydrate, dafür aber viel Eiweiß, Vitamine und Mineralien.

Milch- und Sojaprodukte

Milch und Milchprodukte unterstützen eine gesunde Ernährung. Dies gilt nicht nur für Kuh-, Ziegen- und Schafsmilch, Kefir, Butter- und Dickmilch, sondern auch für naturbelassene Milchprodukte wie Joghurt, Sahne, Quark, Ricotta, Crème fraîche oder Käse. Unbedenklich essen kann man im Rahmen von Low Carb z. B. auch Feta, Schnittkäse oder Camembert. Schmierkäse wie Hütten- und Frischkäse, Schmelzkäse oder Mascarpone enthalten zwar Kohlenhydrate, jedoch nur in kleinen Mengen. Eine gute Alternative für Veganer sind Sojamilch und Tofu oder Seitan. Wichtig ist es bei Milch und Milchprodukten, vor allem bei strengen Low-Carb-Diäten, die Menge zu beachten. Enthalten z. B. 100 Milliliter teilentrahmte Kuhmilch nur ca. 5 Gramm Kohlenhydrate, sind es bei einem großen Glas mit 300 Millilitern schon 15 Gramm. Daher sollte auch, wer eine strenge Diät wie etwa die ketogene Diät hält, bei der nur 30–50 Kohlenhydrate täglich erlaubt sind, Milch und Milchprodukte seltener konsumieren und stattdessen auf fettreduzierte Sojamilch, Mandel- oder Kokosmilch zurückgreifen.

AUBERGINEN MIT KICHERERBSENDIP

Zutaten für 1 Portion

1 Aubergine, 3 EL Olivenöl, Salz, frisch gemahlener Pfeffer, einige Chiliflocken, 1 Dose Kichererbsen (à 400 g, vorgegart), 100 g Sojasahne

Zubereitungszeit *ca. 40 Min.*

Nährwertangaben

pro Portion: 945 kcal,
31 g Eiweiß, 56 g Fett,
72 g Kohlenhydrate

1. Backofen auf 200 °C (Umluft: 180 °C) vorheizen. Backblech mit Backpapier auslegen. Aubergine waschen, schälen und in Scheiben schneiden. Öl, Salz, Pfeffer und Chiliflocken vermischen und Aubergine damit marinieren. Auf dem Backpapier verteilen und im vorgeheizten Backofen, je nach gewünschter Bräunung, ca. 15–25 Minuten backen.

2. Kichererbsen über einem Sieb abtropfen lassen. In ein hohes Gefäß geben, Sojasahne zugießen und mit dem Stabmixer pürieren. Mit Salz und Pfeffer abschmecken. Aubergine mit Kichererbsendip servieren.

Info Kichererbsen bestehen etwa zu einem Fünftel aus Eiweiß und sind reich an Ballaststoffen. Zudem enthalten sie Vitamin A, B, C und E sowie die beiden essenziellen Aminosäuren Lysin und Threonin.

WILDKRÄUTER-QUICHE

Zutaten für 1 Springform (26 cm Durchmesser)

½ kleiner Weißkohl, 3 rote Zwiebeln, 1 große Möhre, 1 Stangensellerie, 3 braune Champignons,
1 Handvoll Brennnesseln, 1 Handvoll Gundermann, 3 EL Öl,
100 g Veggie-Räucherspeck (gewürfelt), Kräutersalz, frisch gemahlener Pfeffer,
etwas frisch geriebener Muskat, 2 Eier, 200 g saure Sahne, 200 g geriebener Käse

Zubereitungszeit *ca. 1 Std. und 30 Min.*

Nährwertangaben

pro Quiche: 1847 kcal,
108 g Eiweiß, 125 g Fett,
61 g Kohlenhydrate

1. Weißkohl waschen und in kleine Würfel schneiden. Zwiebeln schälen und fein hacken. Möhre schälen und raspeln. Stangensellerie waschen und in feine Ringe schneiden. Champignons putzen, in Scheiben schneiden und halbieren. Brennnesseln und Gundermann waschen, trocken schütteln und klein schneiden.

2. Öl in einer Pfanne erhitzen. Weißkohl und Zwiebeln darin ca. 5 Minuten leicht anbräunen. Möhre, Stangensellerie, Pilze und Veggie-Speck zugeben und weitere ca. 5 Minuten dünsten. Wildkräuter zufügen und so lange dünsten, bis die austretende Flüssigkeit vollständig verdampft ist. Mit Kräutersalz, Pfeffer und Muskat abschmecken. Pfanne vom Herd nehmen. Backofen auf 170 °C (Umluft: 150 °C) vorheizen. Eier verschlagen, saure Sahne und Käse zufügen und vermischen. Gemüsemischung in eine große Schüssel füllen und mit der Ei-Sahne-Käse-Mischung gut vermengen.

3. Springform mit Backpapier auslegen und Masse gleichmäßig darauf verteilen. Im vorgeheizten Backofen ca. 50–60 Minuten backen, bis die Oberfläche leicht gebräunt ist. Die Quiche schmeckt heiß und kalt.

SPINATPFANNKUCHEN TOMATE-MOZZARELLA

Zutaten für 1 Portion

100 g Spinat (TK-Produkt), 3 Eier, 1 EL Öl,
1 Tomate, 100 g Mozzarella, Salz,
frisch gemahlener Pfeffer

Zubereitungszeit *ca. 30 Min.*

Nährwertangaben

pro Portion: 628 kcal,
41 g Eiweiß, 48 g Fett,
7 g Kohlenhydrate

1. Tiefgekühlten Spinat im Topf oder in der Mikrowelle nach Packungsanweisung garen. In eine Schüssel geben, Eier zufügen und mit dem Stabmixer pürieren.

2. Öl in einer Pfanne erhitzen, Spinatmasse hineingeben und zugedeckt bei mittlerer Temperatur ca. 3–4 Minuten stocken lassen. Sobald sich die Ränder vom Pfannenrand lösen, Spinatpfannkuchen vorsichtig wenden und weitere ca. 2–3 Minuten stocken lassen.

3. Tomate waschen, vom Stielansatz befreien und in Scheiben schneiden. Mozzarella über einem Sieb abtropfen lassen und ebenfalls in Scheiben schneiden. Spinatpfannkuchen auf einem Teller anrichten, mit Tomaten und Mozzarella belegen, mit Salz und Pfeffer würzen und einschlagen.

TOFU-GEMÜSE-FRIKADELLEN

Zutaten für 2 Portionen

½ Paprikaschote, 1 Möhre, 1 Zwiebel,
250 g Räuchertofu, 1 Ei, 2 EL Quark,
2 TL Tomatenmark, 1 EL gehackte Petersilie,
1 EL gehackter Schnittlauch, Salz,
frisch gemahlener Pfeffer

Zubereitungszeit *ca. 45 Min.*

Nährwertangaben

pro Portion: 296 kcal,
28 g Eiweiß, 15 g Fett,
12 g Kohlenhydrate

1. Paprikaschote waschen und entkernen. Möhre und Zwiebel schälen. Gemüse fein reiben. Backofen auf 180 °C (Umluft: 160 °C) vorheizen. Tofu mit einer Gabel fein zerdrücken. Mit Gemüse, Ei, Quark und Tomatenmark vermengen. Kräuter untermischen und mit Salz und Pfeffer abschmecken.

2. Mit angefeuchteten Händen zu flachen Frikadellen formen und auf ein mit Backpapier belegtes Backblech legen. Im vorgeheizten Backofen ca. 30 Minuten backen, nach ca. 15 Minuten wenden. Dazu schmeckt ein frischer Blattsalat.

GEMÜSEAUFLAUF MIT RICOTTA-CREME

Zutaten für 4 Portionen

*100 g Erbsen (TK-Produkt), 2 Knoblauchzehen, 3 Frühlingszwiebeln,
2 EL Olivenöl, 125 g Frischkäse, 200 g Ricotta, 3 Eier,
1 EL Mandelmehl, Salz, frisch gemahlener Pfeffer,
Tabasco, 4 Stängel Basilikum, 16 Kirschtomaten*

Zubereitungszeit *ca. 1 Std.*

Nährwertangaben

pro Portion: 320 kcal,
15 g Eiweiß, 23 g Fett,
14 g Kohlenhydrate

1. Erbsen in einem Sieb auftauen und abtropfen lassen. Knoblauch schälen und fein hacken. Frühlingszwiebeln waschen und in dünne Röllchen schneiden. 1 Esslöffel Olivenöl in einer Pfanne erhitzen und Frühlingszwiebeln und Knoblauch darin andünsten. Aus der Pfanne nehmen und abkühlen lassen.

2. Frischkäse, Ricotta, Eier und Mandelmehl vermengen und mit Salz, Pfeffer und Tabasco würzen. Basilikum waschen, trocken schütteln, Blättchen abzupfen und fein hacken. Einige Blättchen für die Garnitur beiseitestellen.

3. Backofen auf 200 °C (Umluft: 180 °C) vorheizen. Basilikum, Erbsen, Frühlingszwiebeln und Knoblauch mit der Frischkäse-Ricotta-Masse vermengen. Eine flache Auflaufform mit restlichem Olivenöl ausstreichen und Mischung in die Form füllen.

4. Tomaten waschen und trocken tupfen. Leicht in die Masse drücken. Auflauf im vorgeheizten Backofen ca. 25–30 Minuten backen. Herausnehmen und ca. 5 Minuten ruhen lassen. Mit Basilikumblättchen garniert servieren.

ZUCCHINI-MÖHREN-FRIKADELLEN

Zutaten für 2 Portionen

1 Zucchini, ½ Möhre, 2 Eier,
1 EL gehackte Kräuter (z. B. Schnittlauch, Petersilie),
120 g helles Mandelmehl, 1 EL geriebener Parmesan,
50 g geriebener Käse (z. B. Gouda oder Edamer),
Salz, frisch gemahlener Pfeffer

Zubereitungszeit *ca. 35 Min.*

Nährwertangaben
pro Portion: 415 kcal,
44 g Eiweiß, 19 g Fett,
9 g Kohlenhydrate

1. Backofen auf 220 °C (Umluft: 200 °C) vorheizen. Zucchini waschen. Möhre schälen. Beides in der Küchenmaschine fein zerkleinern. Gemüse mit Eiern, Kräutern, Mandelmehl und Käse vermischen und mit Salz und Pfeffer würzen. Backblech mit Backpapier auslegen. Aus der Zucchinimasse Frikadellen formen und auf das Backpapier setzen.

2. Im vorgeheizten Backofen ca. 15–20 Minuten backen. Sobald die Frikadellen goldbraun sind, aus dem Ofen nehmen und kurz abkühlen lassen. Dazu schmeckt Kräuterquark oder ein Frischkäsedip.

SHIRATAKI-NUDELN MIT KOKOS-SOJA-SOSSE

Zutaten für 2 Portionen

*2 EL ungesalzene Erdnüsse, 1 Brokkoli (à 300 g), Salz, 2 EL Sojasoße,
50 g Kokosmilch, ½ TL gemahlener Koriander, 1 TL Zitronensaft, 1 Prise Stevia,
350 g Shirataki-Nudeln (Konjak-Nudeln), 1 Bund Frühlingszwiebeln, 1 Zwiebel,
1 Knoblauchzehe, 1 TL Sesamöl, 2 Eier, 50 g Sojasprossen, frisch gemahlener Pfeffer*

Zubereitungszeit *ca. 40 Min.*

Nährwertangaben
pro Portion: 320 kcal,
18 g Eiweiß, 18 g Fett,
19 g Kohlenhydrate

1. Erdnüsse in einer Pfanne ohne Fettzugabe goldbraun anrösten und beiseitestellen. Brokkoli putzen, waschen und in Röschen teilen. In kochendem Salzwasser ca. 2–3 Minuten bissfest blanchieren. Mit Eiswasser abschrecken und über einem Sieb abgießen.

2. Sojasoße, Kokosmilch, Koriander, Zitronensaft und Stevia in einer Schüssel zu einer Soße vermischen. Shirataki-Nudeln gründlich unter fließendem Wasser abspülen. In kochendem Salzwasser ca. 2 Minuten erwärmen.

3. Frühlingszwiebeln waschen und in dünne Röllchen schneiden. Zwiebel und Knoblauch schälen und fein hacken. Sesamöl in einer Pfanne erhitzen und Frühlingszwiebeln, Zwiebel und Knoblauch kurz darin andünsten. Nudeln und Soße zufügen und unter ständigem Rühren ca. 2–3 Minuten garen. Eier verschlagen.

4. Nudeln an den Pfannenrand schieben und Eier in die Mitte der Pfanne geben. Sobald die Eimasse stockt, Nudeln unterheben und Brokkoli sowie Sojasprossen untermischen. Mit Salz und Pfeffer abschmecken und mit gerösteten Erdnüssen garniert servieren.

GEBACKENE BLUMENKOHLSTEAKS

Zutaten für 2 Portionen

*1 Knoblauchzehe, 1½ EL Mayonnaise, 1 TL Zitronensaft,
1 TL Worcestersoße, Salz, frisch gemahlener Pfeffer, 1 Blumenkohl, 2 TL Öl,
1 EL Gewürze (z. B. Kümmel, Koriander, Cayennepfeffer)*

Zubereitungszeit *ca. 35 Min.*

> **Nährwertangaben**
>
> pro Portion: 210 kcal,
> 10 g Eiweiß, 13 g Fett,
> 13 g Kohlenhydrate

1. Knoblauch schälen und fein hacken. Mit Mayonnaise, Zitronensaft und Worcestersoße vermischen. Mit Salz und Pfeffer abschmecken und kühl stellen. Backofen auf 200 °C (Umluft: 180 °C) vorheizen.

2. Äußere Blätter des Blumenkohls entfernen, Strunk kürzen, aber nicht vollständig ab- oder herausschneiden. Blumenkohl waschen. Seitliche Ränder abschneiden und Mitte in ca. 1,5 Zentimeter dicke Scheiben schneiden. Mit 1 Teelöffel Öl bestreichen und mit Gewürzen bestreuen.

3. Restliches Öl in einer backofenfesten Pfanne erhitzen. Blumenkohlscheiben darin von einer Seite ca. 1 Minute scharf anbraten. Wenden und mit der Pfanne ca. 10 Minuten im vorgeheizten Backofen garen, bis die Steaks goldbraun sind und der Strunk weich ist. Blumenkohl-Steaks mit Knoblauchcreme servieren.

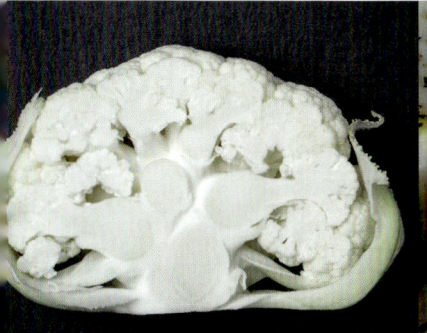

RATATOUILLE

Zutaten für 4 Portionen

*4 Zucchini, 1 Aubergine, Salz, 2 Zwiebeln, 1 rote Paprikaschote,
1 gelbe Paprikaschote, 1 grüne Paprikaschote, 8 Kirschtomaten,
3 Knoblauchzehen, 4 Stängel Petersilie, 3 EL Olivenöl,
125 ml Gemüsebrühe, frisch gemahlener Pfeffer,
etwas gemahlener Koriander*

Zubereitungszeit *ca. 1 Std. und 25 Min.*

Nährwertangaben
pro Portion: 186 kcal,
9 g Eiweiß, 8 g Fett,
17 g Kohlenhydrate

1. Zucchini und Aubergine schälen und in fingerdicke Scheiben schneiden. Mit Salz bestreuen und ca. 30 Minuten Wasser ziehen lassen. Zwiebeln schälen. Paprikaschoten waschen und entkernen. Zwiebeln und Paprikaschoten in breitere Streifen schneiden. Tomaten waschen, halbieren und vom Stielansatz befreien. Knoblauch schälen und fein hacken. Petersilie waschen, trocken schütteln und Blättchen abzupfen.

2. Aubergine und Zucchini trocken tupfen und halbieren. Öl in einer Pfanne erhitzen und Aubergine und Zucchini darin kurz anschwitzen. Aus der Pfanne nehmen und beiseitestellen.

3. Zwiebeln, Knoblauch und Paprika in die Pfanne geben und kurz anbraten. Auberginen und Zucchini wieder zufügen, Gemüsebrühe zugießen und zugedeckt bei mittlerer Hitze ca. 30 Minuten dünsten. Tomaten zugeben und weitere ca. 15 Minuten köcheln. Mit Salz, Pfeffer und Koriander abschmecken und mit Petersilie bestreut servieren.

Mehl ersetzen

Weizenmehl enthält kurzkettige Kohlenhydrate, die den Blutzuckerspiegel schnell nach oben schießen, aber auch rasch wieder absinken lassen. Der Effekt: Heißhunger. Um aus diesem Teufelskreis auszubrechen, setzt die Low-Carb-Ernährung auf Mehlalternativen. Ob in Brot, Gebäck und Kuchen, Pizza oder Nudeln – Weizenmehl ist überall zu finden. Doch Kokos- und Mandelmehl sowie weitere Ersatzprodukte wie Sojamehl, Kichererbsenmehl, Süßlupinenmehl, Kürbiskernmehl oder Leinsamenmehl bieten ausreichend Alternativen.

Mit **Mandelmehl** können Sie bis zu 100 Prozent der gesamten Mehlmenge eines Rezepts ersetzen. Dabei verwendet man pro 100 Gramm Weizenmehl 50 Gramm Mandelmehl. Im Gegensatz zu Weizenmehl mit 67,2 Gramm Kohlenhydraten in 100 Gramm enthält dieselbe Menge an entöltem Mandelmehl nur etwa 4 Gramm Kohlenhydrate. Mandelmehl ist z. B. eine gute Alternative zum Backen.

Weizenmehl lässt sich bis zu 25 Prozent der Gesamtmehlmenge auch durch entöltes **Kokosmehl** ersetzen. Hierbei nimmt man pro 100 Gramm Weizenmehl 40 Gramm Kokosmehl. Auf 100 Gramm des glutenfreien Mehls kommen 15–20 Prozent Kohlenhydrate. Besonders zum Binden von Suppen, Soßen und Desserts eignet es sich gut.

Am einfachsten ist es, nach speziellen Low-Carb-Rezepten zu kochen und zu backen. Verwendet man hierbei herkömmliche Rezepte, sollte man beachten, dass man bei einigen Weizenmehlalternativen je nach Rezept nur einen gewissen Prozentsatz der Gesamtmehlmenge durch die entsprechende **Mehlalternative** ersetzen kann. Vor allem in Backrezepten ist außerdem zu beachten, dass bei Mehlalternativen gegebenenfalls der Flüssigkeitsanteil im Rezept erhöht werden muss.

Inzwischen sind auch spezielle **Low-Carb-Mehle** im Handel erhältlich. Sie bestehen meist aus einer Eiweißmischung und Zutaten wie Kokosmehl, Flohsamenschalen, Erbsen- und Molkenprotein. Da sie jedoch Weizenfasern enthalten können, sollten Glutenallergiker gut auf die Zutatenliste achten.

Desserts und Backen

HIMBEER-SAHNE-DESSERT

Zutaten für 4 Portionen

750 g Himbeeren,
300 g Sahne,
3 TL Vanilleextrakt,
flüssiger Süßstoff nach Belieben,
8 Minzeblättchen

Zubereitungszeit *ca. 10 Min.*

Nährwertangaben

pro Portion: 301 kcal,
5 g Eiweiß, 23 g Fett,
12 g Kohlenhydrate

1. Himbeeren waschen und verlesen. Einige Himbeeren für die Garnitur beiseitestellen, restliche Himbeeren pürieren.

2. Sahne steif schlagen und mit Himbeerpüree vermischen. Vanilleextrakt und Süßstoff zugeben. Himbeer-Sahne-Dessert in Schälchen füllen und mit beiseitegestellten Himbeeren und gewaschenen Minzeblättchen garniert servieren.

Tipp Himbeeren enthalten viele Vitamine und Mineralstoffe – noch dazu sind sie kalorienarm und köstlich. Beim Süßstoff gilt es, sich nach und nach an die richtige Menge heranzutasten, die dem eigenen Geschmack entspricht.

CREMIGER SCHOKOLADENQUARK

Zutaten für 1 Portion

80 g Sahne,

8 g Backkakao,

100 g Magerquark,

flüssiger Süßstoff nach Belieben

Zubereitungszeit *ca. 5 Min.*

Nährwertangaben

pro Portion: 328 kcal,
16 g Eiweiß, 26 g Fett,
7 g Kohlenhydrate

Sahne mit Backkakao steif schlagen. Magerquark unterrühren und Schokoladenquark nach Belieben mit Süßstoff abschmecken.

Tipp Wer bei der Low-Carb-Ernährung Schokopudding vermisst, hat hier eine tolle Alternative. Je nach Geschmack können Sie auch noch ein kleines Stückchen Zartbitterschokolade über den Schokoladenquark raspeln.

SAHNE-SOJAJOGHURT-CREME MIT ERDBEEREN

Zutaten für 4 Portionen

400 g Erdbeeren, 450 g Sojajoghurt,
3 Tropfen Vanillearoma,
2 Spritzer Zitronensaft,
Süßstoff nach Belieben, 200 g Sahne

Zubereitungszeit *ca. 15 Min.*

Nährwertangaben

pro Portion: 235 kcal,
7 g Eiweiß, 18 g Fett,
10 g Kohlenhydrate

1. Erdbeeren waschen und verlesen. Sojajoghurt mit Vanillearoma, Zitronensaft und Süßstoff vermischen.

2. Sahne steif schlagen und unter die Sojajoghurtmasse heben. Mit Erdbeeren dekorieren und servieren.

Tipp Pro 100 Gramm haben Erdbeeren nur etwa 32 Kilokalorien und 6 Gramm Kohlenhydrate. Zudem sind sie reich an Ballaststoffen, Vitaminen und Mineralien.

PFANNKUCHEN MIT HASELNÜSSEN

Zutaten für 1 Portion

*2 Eier, 125 g gemahlene Haselnüsse,
5 ml flüssiger Süßstoff, 2 EL Eiweißpulver,
1 TL Zimt und nach Belieben etwas Zimt zum Bestreuen,
1 Prise Salz, etwas Milch, 1 TL Öl*

Zubereitungszeit *ca. 20 Min.*

Nährwertangaben
pro Portion: 1106 kcal,
42 g Eiweiß, 97 g Fett,
18 g Kohlenhydrate

1. Eier, Haselnüsse, Süßstoff, Eiweißpulver, Zimt und Salz in eine Rührschüssel geben. Mit dem elektrischen Handrührgerät verrühren und so viel Milch zufügen, dass ein dickflüssiger Teig entsteht.

2. Öl in einer Pfanne erhitzen und eine kleine Schöpfkelle Teig hineingeben. Von beiden Seiten bei mittlerer Hitze goldbraun backen. Nach Belieben mit etwas Zimt bestreuen und servieren.

SCHOKOLADEN-MOUSSE

Zutaten für 1 Portion

1 EL Kokosmehl, 250 g Magerquark,
30 g Eiweißpulver mit Schokoladengeschmack,
1 TL gemahlene Flohsamenschalen,
½ TL Backkakao, 1 TL Kaffeegranulat,
Süßstoff nach Belieben, 3 Tropfen Rumaroma

Zubereitungszeit *ca. 5 Min. (+ 1 Std. Kühlzeit)*

Nährwertangaben
pro Portion: 322 kcal,
50 g Eiweiß, 3 g Fett,
12 g Kohlenhydrate

1. Zutaten in eine Rührschüssel geben und mit dem elektrischen Handrührgerät zu einer glatten Masse verrühren. Wasser zugeben, bis die Konsistenz einer Mousse erreicht ist.

2. In ein Schälchen füllen und Schokoladen-Mousse mindestens 1 Stunde im Kühlschrank kalt stellen.

Info Flohsamen sind die Samen der Pflanze Plantago ovata. Diese ist eine niedrig wachsende, einjährige Pflanze, die zu den Wegerichgewächsen gehört. Flohsamenschalen sind ballaststoffreich, verdauungsfördernd und wirken positiv auf den Cholesterinspiegel.

QUARK-SAUERKIRSCH-AUFLAUF

Zutaten für 2 kleine Auflaufformen

1 Handvoll Sauerkirschen (frisch oder TK-Produkt),
400 g Quark, 2 Eier, 3 Tropfen Vanillearoma,
½–1 TL gemahlene Flohsamenschalen,
Steviapulver nach Belieben,
Zimt nach Belieben

Zubereitungszeit *ca. 40 Min.*

Nährwertangaben
pro Form: 369 kcal,
25 g Eiweiß, 15 g Fett,
28 g Kohlenhydrate

1. Backofen auf 170 °C (Umluft: 150 °C) vorheizen. Frische Sauerkirschen waschen und entkernen, tiefgekühlte Sauerkirschen auftauen und gut abtropfen lassen.

2. Quark, Eier, Vanillearoma und Flohsamenschalen mit dem elektrischen Handrührgerät vermischen. Nach Belieben Steviapulver und Zimt zufügen und nochmals verrühren.

3. Sauerkirschen unterheben und Kirsch-Quark-Masse in zwei kleine ofenfeste Formen füllen. Im vorgeheizten Backofen ca. 25 Minuten backen. Leicht auskühlen lassen und servieren.

Tipp Statt Vanillearoma können Sie auch Vanille-Extrakt verwenden.

Vorteile und Empfehlungen

Wer aus Angst vor zu vielen Kohlenhydraten Obst ganz aus seiner Ernährung streicht, ernährt sich unausgewogen. Denn zu einer ausgewogenen Ernährung gehören auch Vitamine, Mineralien, Ballaststoffe und Antioxidantien, die im Obst in Hülle und Fülle enthalten sind. Viele Obstsorten haben darüber hinaus eine sehr geringe Energiedichte. Und ein gesundes Obstdessert ist gegen den Süßhunger zwischendurch allemal besser als zuckerreiche Süßigkeiten aus dem Supermarkt!

Obst und Früchte

Viele schrecken bei Low Carb aufgrund der enthaltenen Kohlenhydrate in Form von Fruchtzucker und Stärke vor Obst etwas zurück. Dennoch hat Obst auch in der Low-Carb-Ernährung seinen festen Platz. Hier kommt es lediglich auf die Kohlenhydratmenge an. Obst mit wenigen Kohlenhydraten kann man bedenkenlos über den Tag verteilt genießen. Süßes Obst wie z. B. Weintrauben sollte hingegen nur in geringen Mengen verzehrt werden. Besonders kohlenhydratreich ist tropisches Obst wie Bananen, Mangos oder Ananas. Vor allem bei nachgezuckerten Obstkonserven ist Vorsicht geboten und auch tiefgekühltes Obst kann teilweise nachgezuckert sein. Nicht ideal für eine kohlenhydratarme Ernährung ist auch Trockenobst. Empfehlenswert sind hingegen z. B. Beeren wie Erdbeeren, Brombeeren oder Himbeeren, Papayas oder Zitronen, z. B. kombiniert mit Quark oder einfach pur genossen. Vor allem im Sommer ist das Angebot an Obstsorten wie Pfirsichen, Aprikosen und Melonen groß. Hier gilt es, mit Bedacht zu wählen, die Früchte abzuwiegen und den Kohlenhydratgehalt genau zu berechnen.

SCHOKOLADEN-BROWNIES

Zutaten für 1 Brownieform (20 cm x 20 cm)

30 g Zartbitterschokolade, 2 Eier, 55 g Butter,
40 g Kakaopulver, 150 g Süßstoff,
70 g Mandelmehl, ½ TL Backpulver,
1 Fläschchen Vanillearoma

Zubereitungszeit *ca. 45 Min.*

Nährwertangaben

pro Form: 1107 kcal,
55 g Eiweiß, 80 g Fett,
27 g Kohlenhydrate

1. Backofen auf 170 °C (Umluft: 150 °C) vorheizen. Schokolade grob hacken. Eier trennen und Eiweiße steif schlagen.

2. Einen Topf zu drei Vierteln mit Wasser füllen und auf ca. 60 °C erhitzen (das Wasser darf nicht kochen!). Topf vom Herd nehmen. Eine Metall- oder Glasschüssel mit gehackter Schokolade füllen und Schokolade mit Butter im Wasserbad schmelzen. Ab und zu mit einem Löffel umrühren.

3. In die Schokoladenmasse Eigelbe, Kakaopulver, Süßstoff, Mandelmehl, Backpulver und Vanillearoma geben und alles mit dem elektrischen Handrührgerät verrühren. Eischnee vorsichtig unterheben. Teig in eine Brownieform füllen und glatt streichen. Im vorgeheizten Backofen ca. 20 Minuten backen.

Tipp Es gibt verschiedene alternative Süßungsmittel, mit denen man bei einer Low-Carb-Ernährung süßen kann, z. B. Erythrit, Xylit, Stevia, Agavendicksaft oder Kokosblütenzucker. Hier gilt es herauszufinden, was einem selbst am besten schmeckt.

APFELKUCHEN

Zutaten für 1 Springform (21 cm Durchmesser)

115 g Butter und etwas Butter für die Form, 3 Äpfel, 90 g Süßstoff, 100 g Frischkäse,
1 TL Vanilleextrakt, 4 Eier, 120 g Mandelmehl, 50 g gemahlene Mandeln,
1 TL Backpulver, 2 TL Zimt, 1 Prise Salz

Zubereitungszeit *ca. 1 Std.*

Nährwertangaben

pro Kuchen: 2374 kcal,
99 g Eiweiß, 183 g Fett,
61 g Kohlenhydrate

1. Butter in einem kleinen Topf schmelzen. Äpfel waschen, schälen, Kerngehäuse entfernen und Äpfel in kleine Würfel schneiden. Backofen auf 180 °C (Umluft: 160 °C) vorheizen.

2. Geschmolzene Butter, Süßstoff, Frischkäse und Vanilleextrakt miteinander vermischen. Nach und nach Eier zugeben. Mandelmehl, gemahlene Mandeln, Backpulver, Zimt und Salz unterrühren und mit dem elektrischen Handrührgerät zu einem cremigen Teig verarbeiten. Äpfel unterheben.

3. Springform mit Butter ausstreichen und Teig hineinfüllen. Im vorgeheizten Backofen ca. 35–40 Minuten backen.

RHABARBERTORTE

Zutaten für 1 Springform (26 cm Durchmesser)

4 Eier, 5 ml flüssiger Süßstoff, 2 TL Backpulver, 100 g gemahlene Mandeln,
500 g Rhabarber, 1 Pck. zuckerfreies Vanillepuddingpulver,
140 g Erythrit, 2 EL Butter, 500 g Sahne

Zubereitungszeit *ca. 1 Std. und 10 Min. (+ ca. 6 Std. Kühlzeit)*

Nährwertangaben

pro Torte: 2671 kcal,
65 g Eiweiß, 240 g Fett,
31 g Kohlenhydrate

1. Backofen auf 200 °C (Umluft: 180 °C) vorheizen. Eier trennen, Eiweiße steif schlagen. Eigelbe und flüssigen Süßstoff mit dem elektrischen Handrührgerät schaumig aufschlagen. Eischnee unterheben. Backpulver und Mandeln zufügen und vorsichtig umrühren (Teig sollte nicht zusammenfallen!). Springform mit Backpapier belegen und Teig hineinfüllen. Im vorgeheizten Backofen ca. 10–20 Minuten backen.

2. Rhabarber waschen und in kleine Stücke schneiden. Puddingpulver mit 6 Esslöffeln Wasser glatt rühren. 200 Milliliter Wasser zum Kochen bringen, Erythrit und Rhabarber zugeben und ca. 5 Minuten köcheln lassen. Mit angerührtem Puddingpulver binden und abkühlen lassen.

3. Biskuitboden mithilfe eines Löffels aushöhlen und zerbröseln. Dabei Boden und einen ca. 2 Zentimeter breiten Rand stehen lassen. Rhabarbermischung einfüllen. Butter in einer Pfanne schmelzen und Biskuitbrösel darin anrösten. Sahne steif schlagen und auf der Rhabarbertorte verteilen. Mit Biskuitbröseln bestreuen. Im Kühlschrank ca. 6 Stunden kühl stellen.

KOKOSMAKRONEN

Zutaten für ca. 30 Stück

2 Eier,
50 g Kokosblütenzucker,
½ Fläschchen Bittermandelaroma,
230 g Kokosraspel,
100 g saure Sahne

Zubereitungszeit *ca. 40 Min. (+ ca. 10 Min. Ruhezeit)*

Nährwertangaben
pro Stück: 66 kcal,
1 g Eiweiß, 6 g Fett,
2 g Kohlenhydrate

1. Eier, Kokosblütenzucker und Bittermandelaroma mit dem elektrischen Handrührgerät vermischen. Kokosraspel und saure Sahne zufügen und gut verrühren. Ca. 10 Minuten ruhen lassen. Backofen auf 140 °C (Umluft: 120 °C) vorheizen. Backblech mit Backpapier auslegen.

2. Mit zwei Teelöffeln kleine, etwa gleich große Makronen auf das Backpapier setzen. Im vorgeheizten Backofen auf der untersten Schiene ca. 20–25 Minuten goldbraun backen. Makronen vor dem Servieren auskühlen lassen.

Tipp Wer es süßer mag, kann den Anteil an Kokosblütenzucker erhöhen. Kokosblütenzucker zeichnet sich durch einen besonders karamelligen Geschmack aus und soll einen niedrigen glykämischen Index haben. Damit verhindert er ein schnelles Ansteigen und rasches Abfallen des Blutzuckerspiegels. Alternativ kann auch flüssiger Süßstoff verwendet werden.

MARMORKUCHEN

Zutaten für 1 Kastenbackform

6 Eier, 100 g Xylit, 50 g Butter und etwas Fett für die Form,
250 g Quark, abgeriebene Schale von 1 unbehandelten Zitrone, Rumaroma,
etwas ausgekratztes Mark von 1 Vanilleschote, 1 EL Mandelmehl,
200 g gemahlene Mandeln, 1 Msp. Natron, 1 Prise Salz, 1 EL Backkakao

Zubereitungszeit *ca. 1 Std. und 15 Min.*

Nährwertangaben

pro Kuchen: 2684 kcal,
117 g Eiweiß, 199 g Fett,
127 g Kohlenhydrate

1. Backofen auf 160 °C (Umluft: 140 °C) vorheizen. Eier trennen und Eiweiße beiseitestellen. Xylit mit Butter cremig rühren. Eigelbe nach und nach unterrühren.

2. Quark, Zitronenabrieb, Rumaroma und Vanillemark zufügen. Mandelmehl, gemahlene Mandeln und Natron ebenfalls zugeben. Mit dem elektrischen Handrührgerät vermischen. Eiweiße mit Salz steif schlagen und vorsichtig unterheben. Teig in zwei Hälften teilen.

3. Zu einer Hälfte Backkakao geben und unterrühren. Hälfte des Kakaoteigs in eine gefettete Kastenform füllen. Hellen Teig darübergeben. Restlichen dunklen Teig ebenfalls in die Form füllen.

4. Eine Gabel spiralförmig durch den Teig ziehen, sodass ein Marmormuster entsteht. Im vorgeheizten Backofen ca. 40–50 Minuten backen (Stäbchenprobe machen!).

HAFERKEKSE

Zutaten für 1 Backblech

60 g Butter, 30 g Eiweißpulver,
1 Ei, ¼ TL Backpulver,
nach Belieben Zimt, nach Belieben Xylit,
150 g kernige Haferflocken

Zubereitungszeit *ca. 20 Min.*

Nährwertangaben
pro Blech: 1312 kcal,
50 g Eiweiß, 67 g Fett,
143 g Kohlenhydrate

1. Backofen auf 150 °C (Umluft: 130 °C) vorheizen. Backblech mit Backpapier auslegen. Butter, Eiweißpulver, Ei, Backpulver, Zimt und Xylit mit dem elektrischen Handrührer verrühren. Haferflocken untermischen.

2. Mit etwas Abstand je ½ Teelöffel Teig auf das Backpapier geben. Teighäufchen flach drücken. Im vorgeheizten Backofen ca. 10 Minuten backen.

Info Zwar enthalten 100 Gramm Haferflocken ca. 59 Gramm Kohlenhydrate, weshalb sie für eine strenge Low-Carb-Ernährung weniger gut geeignet sind. Allerdings sind die Kohlenhydrate des Hafers langkettig, sodass der Insulinspiegel weniger stark ansteigt. Daher sind Haferkekse, in Maßen genossen, eine gute Alternative zu weniger gesunden Backwaren.

ERDBEERKUCHEN

Zutaten für 1 Springform

80 g Butter und etwas Butter für die Form, 4 Eier, 1 Prise Salz, 17 g Xylit, 80 g Sahne,
150 g gemahlene Mandeln, 1 gehäufter TL Vanillepulver, 7 g Weinsteinbackpulver,
500 g Erdbeeren, 1 Päckchen rote Gelatine

Zubereitungszeit *ca. 1 Std. (+ ca. 1 Std. Ruhezeit)*

Nährwertangaben

pro Kuchen: 2399 kcal,
86 g Eiweiß, 195 g Fett,
65 g Kohlenhydrate

1. Backofen auf 180°C (Umluft: 160 °C) vorheizen. Butter in einem kleinen Topf schmelzen. Eier trennen. Eiweiße mit Salz steif schlafen. Eigelbe mit 15 Gramm Xylit schaumig schlagen.

2. Unter Rühren Sahne und geschmolzene Butter zugeben. Gemahlene Mandeln mit Vanillepulver und Weinsteinbackpulver vermengen und untermischen. Eischnee vorsichtig unter den Teig heben.

3. Springform mit Backpapier auslegen und Rand mit Butter ausstreichen. Teig einfüllen und glatt streichen. Im vorgeheizten Backofen ca. 30 Minuten backen. Springformrand lösen, auf einen mit Backpapier belegten Kuchenrost stürzen und erkalten lassen. Backpapier entfernen. Boden auf eine Tortenplatte legen und einen Tortenring darumstellen.

4. Erdbeeren waschen, Stielansätze entfernen und Erdbeeren in Scheiben schneiden. Kuchenboden gleichmäßig mit Erdbeeren belegen. Gelatine nach Packungsanweisung einweichen und mit restlichem Xylit auflösen. Gelatinemasse vorsichtig über den Erdbeeren verteilen. Fest werden lassen und Tortenring entfernen. Erdbeerkuchen bis zum Servieren kalt stellen.

REZEPTREGISTER

Bildnachweis

Impressum

© Copyrigh 2016 vivo buch UG (haftungsbeschränkt),
Benzstraße 56, 71272 Renningen

Alle Rechte vorbehalten.

www.vivo-buch.de

ISBN 978-3-945623-12-1

Komplettproducing: twinbooks, München
Text und Lektorat: Jana Lösch, Vivianne Schoenen, Melanie Goldmann für twinbooks, München